반전의 경제학

반전의 경제학

최병서 지음

나무나무 출판사

경제학은 인간 본성을 탐구한다

근대 경제학의 대부 앨프리드 마셜(Alfred Marshall, 1842~1924)은 경제학을 넓은 의미에서 인간 본성^{human nature}을 탐구하는 일이라고 정의했다. 인간의 본성과 행위를 규명하는 것이 경제학자가 해야 할 일이다. 따지고 보면 모든 인간 행동의 배후에는 경제적 동인動因이 작용한다. 그래서 인간은 경제적 동물인 것이다. "공짜 점심이란 없다^{No free lunch}"는 속담은 경제학의 금과옥조다.

인간의 모든 행동이 잘 드러나는 장르가 바로 영화다. 인간의 다양한 행위와 모습 뒷면에는 경제적인 이기적 동기가 작용한다는 점에서 영화는 경제학과 긴밀히 연결된다. 필자는 오래전 이런 점에 착안해《영화로 읽는 경제학》이란 책을 쓴 적이 있다. 사랑과 결혼, 탐욕과 시기심, 음모와 범죄 등 인간의 행위와 선택은 경제적 유인에 의해 결정되기 때문에 경제학은 이 모든 인간 행동을 규명하는 합리적 분석 도구인 것이다.

필자는 대학에서 '경제적 사고 원리'라는 과목을 오랫동안 가르쳤다. 우리가 사회생활을 하면서 깨닫는 것은 경제 이론을 이해하는 것보다 경제적 사고를 하는 능력이 더 중요하다는 사실이다. 가끔씩 졸업생들로부터 이메일을 받는데, '경제적 사고 원리' 강의에서 배웠던 내용이 실제로 회사나 가정 생활에 많은 도움을 준다는 얘기를 들을 때 정말 보람을 느낀다. 바둑 속담에 이런 말이 있다. "정석은 외우고 나서 잊어버려라." 같은 이야기를 경제학에도 적용할 수 있다. 이론이란 배운 다음 시험을 보고 나면 다 잊어버린다. 그러나 경제적으로 사고하는 힘을 기르면 구체적인 일상생활에서 부딪히는 문제, 가령 왜 결혼을 해야 하는지 또는 대학은 왜 가야 하는지 등의 문제에 대해 합리적이고 효율적인 선택을 하는 데 대단히 유용하다.

그동안 필자는 신문이나 잡지 그리고 해외 토픽에서 시선을 사로잡는 흥미로운 기사나 이야기를 수집하고 정리해왔다. 새로운 기사를 접할 때 우선 '어, 이거 뭐지?' 하는 반응이 나올 만한 스토리를 선정했다. 일견 평범해 보이는 내용에서도 뜻밖에 참신한 의외성을 발견할 수 있다. 따라서 얼핏 경제와 별로 관련이 없는 듯해도 잘 들여다보면 그 이면에 경제학적 인과관계를 감추고 있는 케이스에 중점을 두었다. 요컨대 겉으로는 당연한 것 같은 이야기 뒷면에 숨어 있는 당연하지 않은 의외성이 이 책의 핵심이다.

이렇게 선별한 이야기들을 언젠가 책으로 내겠다는 생각을 하며 그동안 나만의 구슬 창고에 보관해왔다. 그런데 옛 속담처럼 "구슬이 서 말이라도 꿰어야 보배"가 되듯 그 이야기들을 잘 정리해 한 권의 책으로 내는 일은 생각만큼 쉽지 않았다. 이 작업이 가능하도록 도움을 준 나무나무출판사의 배문성 대표, 이야기들을 케이스별로 꼼꼼히 정리하고 편집해준 이형진 실장, 그리고 책을 아름답게 꾸며준 채홍디자인의 서채홍 대표님께 감사드린다. 그분들의 열정과 노력에 힘입어 묵혀두었던 원고가 마침내 세상의 빛을 보았다.

작금의 한국 사회를 보면 이념적 편향이 두드러져 편 가르기가 심각해지고 있다. 자신이 믿고 있는 신념과 다를 경우, 객관적 사실이나 과학적 증거 그리고 합리적 의심이나 추론마저도 받아들이지 않는다. 이런 편향에서 벗어나려면 자신이 믿고 있는 것을 끊임없이 의심하고 열린 마음을 갖는 것이 무엇보다 중요하다. 그래야만 생산적인 토론이 가능하다.

이 책이 그런 면에서 긍정적 기능을 할 수 있으리라 기대해본다. 왜냐하면 일견 당연하고 옳은 것처럼 보이는 것들의 이면에서 의외로 다른 인과관계를 발견할 수 있는 사례를 소개하고 있기 때문이다. 상식적으로 받아들여지는 것을 다시 의심해보고 이성적 추론을 통해 합리적 결론과 선택을 하게 만드는 생각의 힘을 기르는 데 이 책이 조금이나마 도움이 되길 바란다.

이제 이 책은 필자의 품을 떠나 독자들의 곁으로 날아갈 것이다. 마치 베르디의 오페라 <나부코>의 합창에서처럼 "금빛 날개를 타고……."

2부 돈으로 행복을 살 수 있을까

3부 자녀는 사치재인가

4부 뉴욕 통근 열차가 1분씩 늦게 출발하는 이유

5부 비합리적 선택은 어리석은 행동인가

6부 불황이 닥친 것을 어떻게 알 수 있을까

1부

사람의 목숨값은 얼마일까

01 | 한국의 부모가 자녀와 만나는 횟수를 늘리는 유일한 변수는 '돈'이다

"늙어서도 자식 얼굴 자주 보려면 죽을 때까지 돈을 움켜쥐고 있어야 한다"는 세간의 속설은 사실일까? 서글픈 일이지만 그렇다. 실제로 2007년 인구학회의 조사 결과에 따르면, 한국의 부모가 자녀와 만나는 횟수를 늘리는 유일한 변수는 '돈'이었다.

자녀와 동거하지 않는 60세 이상 부모의 속성을 소득, 교육 수준, 연령, 성별, 결혼 상태(이혼 여부) 등으로 나누고 각 속성이 자녀와의 대면對面 접촉 빈도에 미치는 영향 정도를 분석해보니 교육 수준, 연령, 성별, 결혼 상태는 자녀 대면 접촉 빈도와 어떤 연관 관계도 없는 것으로 나타났다. 오로지 소득만이 부모와 자녀가 만나는 데 상당한 영향을 끼쳤다.

특히 조사 대상 27개국 중 부모 소득과 자녀 접촉 빈도에서 한국은 '유일'하게 상당한 정표의 상관관계를 보여 큰 충격을 주었다. 배금주의에 물든 한국의 효 사상이 여실히 드러난 것이다. 부모의 소득이 1퍼센트 높아지면 부모가 자녀와 일주일에 한 번 이상 대면 접촉할 가능성이 2.07배 높아졌다.

반면 나머지 26개국 가운데 14개 경제협력개발기구^{OECD} 회원국을 대상으로 같은 분석을 실시한 결과, 대부분의 나라에서는 두 변수 사이에 오히려 부(-)의 관계가 확인됐다. 양(+)의 관계를 보인 호주, 스페인, 폴란드 등도 유의미한 수준은 아니었다. 14개 OECD 회원국 중 영국, 미국, 뉴질랜드 등 7개국은 부모 소득이 낮을수록 오히려 자녀와 만나는 횟수가 늘어나는 것으로 조사됐다. 나머지 캐나다, 스페인 등 7개국의 경우는 소득이 부모와 자녀 대면 접촉에 끼치는 영향이 분명하게 나타나지 않았다.

우리나라는 가족과 만나는 횟수도 세계 최하위 수준이었다. 어머니와 일주일에 한 번 이상 직접 만난다는 이는 27퍼센트에 그쳤다. 세계 평균 55퍼센트에 크게 못 미칠 뿐만 아니라 27개국 중 꼴찌를 차지했다. 단, 일본 역시 같은 27퍼센트였다. 아버지와의 대면 접촉 비율도 23퍼센트로 최하위인 26위였다. 일주일에 한 번 이상 대면 접촉하는 비율도 일본과 한국이 26퍼센트로 나란히 꼴찌를 차지했다. 반면 이스라엘에 거주하는 아랍인의 경우

모친과는 93퍼센트가, 부친과는 98퍼센트가 일주일에 한 번 이상 만났다. 한국 및 일본과 비교하면 엄청난 차이다. 한국인은 형제와의 대면 접촉도 24퍼센트에 불과해 24위에 그쳤고, 자녀와의 대면 접촉 역시 41퍼센트로 27개국 중 꼴찌였다.

그러나 "갑자기 큰돈이 필요할 때, 누구에게 도움을 청할 것인가"라는 질문에는 한국인 가운데 51.9퍼센트가 '가족 및 친족'을 꼽았다. 이어 친구·이웃·동료(19.1퍼센트), 공식 기관(13.2퍼센트), 배우자(8.9퍼센트) 등의 순이었다. 도움을 청할 경우 가족을 먼저 꼽는 것은 한국만의 역설적 현상이다. '가족 및 친족'과 '친구·이웃·동료'에 대한 의존율이 27개국 평균 각각 41.0퍼센트, 7.6퍼센트인데 한국은 이를 훨씬 웃도는 것이다. 반면 공식 기관과 배우자한테 도움을 구하겠다는 비율은 각각 OECD 평균인 26.3퍼센트, 15.5퍼센트보다 낮았다.

한편 "우울한 일이 있을 때, 누구와 상의할 것인가"라는 질문에는 55.3퍼센트가 '친구·이웃·동료'를 지목했다. 이 같은 응답률은 OECD 평균인 23.2퍼센트의 약 2배일 뿐 아니라 27개국 가운데 가장 높은 수준이다. 이에 비해 '배우자'나 '가족과 친족'에게 정서적 도움을 요청하겠다는 한국인은 각각 20.7퍼센트, 17.3퍼센트에 그쳤다. 27개국 평균치는 배우자(39.7퍼센트), 가족과 친지(25.2퍼센트)로부터 가장 많은 정서적 도움을 받고 있는 것으로 나타나 한국과는 정반대 결과를 보였다. 이 연구 보고서는 한국의 친족 관계는 정서적 성격보다 도구적·실리적 성격이 강하다고 결론짓는다.

그동안 한국은 전통적으로 동방예의지국이니 효를 전통적으로 중시하는 나라니 하는 자부심을 갖고 있었는데, 이 같은 실증적 조사 연구에 의하면 그런 믿음은 한낱 뜬구름 같은 이야기인 셈이다. 부모와 자식 간 관계도 돈이 지배적이며, 돈에 의해 부모에 대한 자식들의 행동 양식이 결정된다. 철저히 이기적이고 물질적인 관계에 따라 부모를 보는 것이다.

02 우리는 당신들(부모)의 빚을 갚지 않겠다

　최근 우리나라 젊은이들은 미래에 대해 암울한 전망을 하고 있다. 안정적인 취업 가능성은 점차 사라지고, 늘어나는 노인 인구에 대한 복지 지출은 눈덩이처럼 불어나고 있다. 이것이 결국은 지금의 젊은 세대가 짊어져야 할 부담으로 돌아올 것이기에 현재 복지 혜택을 누리고 있는 장년 세대에 적개심마저 보이고 있다. 젊은이들은 따라서 결혼할 여유라든가 집을 장만하겠다는 희망조차 잃었다. 젊은 세대의 이러한 현상은 비단 우리나라만의 문제는 아니다.

　유럽의 젊은 세대도 사정이 다르지 않다. 부르는 이름만 다를 뿐이다. 독일에는 우리나라의 '알바 세대'와 같은 '인턴 세대'가 있다. 교육 수준이 높아도 정규직을 찾기 어려워 임시직을 전전하는 청년 세대를 일컫는 조어다. 프랑스에서는 이들을 '불안한 세대', 영국에서는 'IPOD 세대'라고 부른다. 애플사의 디지털 뮤직 플레이어 '아이팟'에 환호하는 세대라는 뜻도 있지만 'Insecure(불안하고)' 'Pressured(압박이 심하고)' 'Overtaxed(세금 부담이 크고)' 'Debt-Ridden(빚 때문에 고통받는)'의 머리글자를 따서 만든 말이다.

제2차 세계대전 이후 태어난 베이비부머baby-boomer들이 유럽식 사회 보장 제도의 혜택을 누리면서 자식 세대에는 빙하기 같은 암울한 고용 전망과 빚더미를 유산으로 남겨주게 된 것이다. 베이비부머가 '베이비 루저baby loser'를 낳은 셈이다.

이처럼 유럽의 베이비부머들은 사회주의 경제 정책의 혜택을 받고 자란 세대다. 한창 일할 나이에는 안정된 직장 생활을 했고, 은퇴 뒤에는 두둑한 연금 덕분에 풍족한 노년 생활을 누리고 있다. 자식 세대의 불안한 미래는 부모 세대의 이런 풍요로운 현재에서 잉태됐다. 부모 세대가 누린 고용 안정이 자식 세대의 일자리를 앗아갔다. 부모들은 덜 내고 많이 받는 연금 정책의 최대 수혜자이지만 자식들은 최대 피해자다. 베이비부머들의 출산율 감소도 젊은 세대의 세금 부담을 가중시켰다.

바야흐로 계층 갈등, 인종 갈등보다 무서운 세대 갈등이 시작되었다. 실제로 프랑스 대학생들의 한 단체는 "우리는 당신들(부모)의 빚을 갚지 않겠다"는 청원서를 돌리기도 했으며, 프랑스 언론에서는 유럽의 세대 간 갈등을 제1차 세계대전 이후 연합군과 독일의 갈등에 비유할 정도다. 부모 세대가 젊은 세대의 빚에 의존하는 삶을 지속하는 것은 베르사유 조약 이후 독일에 배상금을 지불하라고 강요한 것과 마찬가지라는 얘기다. 실제로 영국과 프랑스는 1919년 패전국인 독일에 과도한 전쟁 배상금을 부과했고, 이것이 결국 부메랑처럼 돌아와 제2차 세계대전의 도화선이 되었다.

지금의 젊은 세대가 앞으로 과도한 세금 부담을 감당할 여력이 없다면, 기성세대에 반기를 들지 않으리라는 보장은 없다. 제2차 세계대전을 일으킨 독일처럼……

03 | 섹스와 소득의
상관관계

2013년 케임브리지 대학의 한 경제학과 교수가 재미있는 연구 논문을 발표했다. 섹스에 적극적인 사람이 돈도 잘 번다는 것이다. 연구에 따르면 일주일에 네 번 이상 성관계를 하는 사람이 평균보다 5퍼센트를 더 버는 것으로 조사됐다. 반면, 전혀 섹스를 하지 않는 사람은 성적으로 왕성한 사례보다 급료가 3퍼센트가량 적은 것으로 밝혀졌다.

이러한 결과는 2009년 브라질에서 나온 연구와도 맥을 같이한다. 브라질 직장인에 대한 사례 연구에서도 섹스 빈도와 급료 간 연계를 확인한 바 있다.

이처럼 최근 경제학자들은 섹스 문제에도 관심을 기울이고 있다. 물론 이들 이전에도 노동 시장에서 미모와 소득 및 승진 기회에 관한 연구는 있어왔다. 예를 들어 미국 텍사스 대학의 경제학과 교수 대니얼 하머머시Daniel Hamermesh의 1993년 논문 <미모와 노동 시장Beauty and the Labor Market>은 미남·미녀가 평균치보다 5~10퍼센트 더 많이 번다고 결론 내렸다. 왜 그럴까? 성적으로 왕성한 사람은 자긍심과 자신감을 내보여 상대방으로 하여금 더 많은 성적 호감을 느끼게 하고, 직장에서도 승진이나 급여 면에서 기회가 많아지기 때문이다.

파리 비즈니스 스쿨의 한 마케팅 교수도 섹스에 적극적인 사람이 돈을 더 잘 번다는 논리를 뒷받침한 바 있다. 요컨대 성적으로 왕성한 사람은 대개 외모와 품성이 뛰어나고, 이것이 직장에서 그들을 더 친숙하고 생산적이고 창의적으로 보이게끔 만든다는 것이다. 그에 따르면 섹스 의욕이 많다는 것은 육체적·심리적으로 안정돼 있고 지구력이 좋다는 것을 의미하며, 이런 사람은 다이어트 습관 등 절제력도 강하다고 한다.

한편, 이러한 인과관계를 역으로 설명하려는 시도 또한 있다. 즉, 돈을 많이 버는 것이 섹스 기회를 확대할 수 있다는 논리다. 고소득자가 데이트 시장에서 있기 있는 것은 당연하다. 직장에서의 성공이 당사자의 성적 욕구를 높일 수도 있다. 반대로 돈벌이가 줄어들면 섹스 의욕도 따라서 감소할 수 있다. 심리적으로 자신감이 떨어지고 위축되기 때문이다. 경제 위기가 닥쳐 불황이나 실업 등으로 소득이 많이 줄어들면 사람들의 섹스 의욕도 전반적으로 크게 감소하는 추세를 보인다는 것이다.

04

비아그라 효과와
브라질 연금

비아그라^{Viagra}가 처음 나왔을 때 제조사인 화이자에서는 미국 상원의원 밥 돌^{Bob Dole}과 교통부 및 노동부 장관을 역임한 엘리자베스 돌^{Elizabeth Dole} 부부를 광고에 출연시켜 빅 히트를 쳤다. 그리고 이 발기부전치료제 비아그라는 인류 역사상 가장 영향력 있는 발명품의 하나로 꼽히기도 했다.

그런데 브라질 국립사회안전망연구소^{INSS}는 2009년 보고서를 통해 브라질 연금 재정에 심각하게 부정적 영향을 미치는 새로운 변수를 발견했다고 밝혔다.

그것은 바로 '비아그라 효과'다. 60세 이상의 노년 남성이 자기 나이의 절반 정도밖에 안 되는 젊은 여성과 재혼하는 추세가 새로운 하나의 사회 현상으로 대두하고 있는데, 그 원인이 비아그라 때문이라는 것이다. 그러면서 연구소는 비아그라가 브라질 연금 재정에 미치는 부정적 영향을 진지하게 재검토해야 할 때가 왔다고 분석했다.

이처럼 수많은 세계 남성의 자존심을 회복시켜준 비아그라가 브라질 연금 제도를 흔들고 있다. 나이 든 남성과 재혼한 젊은 여성이 남편과 사별한 뒤 오랫동안 고액 연금을 타먹으면서 재정 부담이 지나치게 늘고 있는 것이다.

보고서 저자인 파울루 타프네르^{Paulo Tafner} 연구원은 이렇게 말했다. "현재의 브라질 연금 체계는 남편 사후 아내가 약 15년간 연금을 받는 것으로 설계되어 있는데, 이러한 기간이 '비아그라 효과' 때문에 길게는 35년까지 늘어나면서 연금 재정에 막대한 부담을 준다."

연구소의 조사에 따르면, 브라질에서는 이혼 남성 3명당 2명꼴로 재혼하는 것으로 나타났다. (여성의 경우 재혼 비율은 3명당 1명꼴에 그쳤다.) 게다가 50대 이상 이혼남 중 64퍼센트가 자신보다 어린 여성과 재혼했고, 60~64세 이혼남의 경우엔 어린 여성과 재혼하는 비율이 무려 69퍼센트에 달했다. 또 재혼남 중 상당수가 서른 살 넘게 차이 나는 어린 여성을 선호했다. 이는 모두 비아그라가 출현하면서 부각된 사회 현상이다.

타프네르 연구원은 이런 현상은 나라의 미래에 심각하고 중대한 도전이라며, 공공 연금 체계의 전면적 개혁이 불가피하다고 주장했다.

05

인도의 도시락 배달:
다바왈라

2020년 코로나19가 몰고 온 변화 중 하나는 모든 비즈니스에서 판매자와 소비자 간 대면 가능성을 최소화하려는 움직임이다. 외식을 할 때에도 배달이나 'to go' 또는 'take out'을 선택한다. 따라서 배달과 택배업이 이런 분위기 속에서 오히려 호황을 누리는 업종이 되었다. 모든 산업이나 서비스업에서 불황이 엄습하고 있을 때에도 아마존 같은 온라인 비즈니스에서는 신규 인력을 대폭 채용했다.

인도에서는 오래전부터 우리나라의 '배달의 민족' 같은 직종이 성업 중이다. 특히 뭄바이 같은 대도시에서는 점심때면 흔히 볼 수 있는 풍경이 있다. 하얀 토피(인도 전통 모자)를 쓴 남자들이 조그만 '원통'을 자전거에 싣고 어딘가로 쏜살같이 달려간다. 머리 위에 수십 개의 원통을 이고 달리기도 한다. 직장인들에게 집에서 만든 점심 도시락을 배달하는 일꾼인 '다바왈라dabbawalla'다. 그들이 싣고 달리는 원통은 '티핀tiffin'이라 불리는 도시락통이다.

놀라운 점은 다바왈라가 수많은 점심 도시락을 배달하지만 장소와 시간이 거의 정확하다는 사실이다. 뭄바이에서는 하루에 17만 5000~20만 개의 도시락을 4500~5000명의 다바왈라가 배달하는 것으로 추산된다. <이코노미스트>에 따르면 600만 건 중 행선지를 잘못 찾은 '배달 사고'는 단 1건이었다고 한다. 통계적으로 99.9999퍼센트가 넘는 엄청난 정확성이다. <이코노미스트>는 그러한 정확성의 비결이 다바왈라 배달의 단순성에 있다고 분석했다.

다바왈라는 문맹이거나 교육 수준이 낮은 이들이 많다. 그래서 애초에 글자가 아니라 원통 도시락에 붙인 색깔 코드로 행선지를 표시하기 시작했다. 특정 색은 특정 건물이나 역을 뜻한다. 글자로는 잘못 보거나 착각할 수 있는데, 색깔로는 거의 틀리지 않는다는 것이다. 도시락 하나를 집에서 직장인에게 최종 배달하기까지 평균 4명의 다바왈라를 거침에도 이러한 단순성 덕분에 정확성을 유지한다.

정확성의 또 다른 이유는 다바왈라가 주문자들과 친근한 관계를 맺고 있다는 것이다. 다바왈라를 고용하는 업체는 최종 배달지의 경우 그 지역 지리에 훤한 토박이를 쓴다. 그들은 도로의 어디가 복잡하고 언제 막히는지 너무나 잘 안다는 것이다. 게다가 배달업체의 조직 구조는 '사장-중간 관리자-다바왈라'의 3단계에 불과하기 때문에 명령을 하급자에게 전달할 때 실수를 범할 가능성도 적다고 한다. 유럽의 경영대학원에서 다바왈라를 성공 경영의 케이스로 연구하고 있을 정도다.

다바왈라는 인도의 고유문화는 아니다. 영국 식민지 시절, 인도 음식 먹기를 꺼리던 영국인들이 음식을 집에서 직장까지 하인을 시켜 가져온 전통에서 비롯되었다. 사업 형태로 자리 잡은 것은 19세기 말경이다. 그러나 이제는 인도 직장인의 보편적인 점심 문화로 자리 잡았다. 다바왈라 산업은 매년 5~10퍼센트 성장할 정도로 호황을 누리고 있는데, 코로나19가 사회 풍속을 바꿔 놓은 이후 성장 가능성은 더욱 커질 수밖에 없다.

06 | 페어웨이 이론: 골프장을 보면 국제관계를 알 수 있다

오래전 경제 전문가 토머스 프리드먼Thomas Friedman은 '분쟁 예방에 관한 황금 아치 이론'을 발표해 눈길을 끈 적이 있다. 간단히 설명하면 "맥도날드가 진출한 나라끼리는 서로 싸우지 않는다"라는 이론이다. 그런데 외교 전문가 리처드 하스Richard Haass가 주장한 '페어웨이fairway 이론'은 이를 뛰어넘어 골프장과 그 나라의 국제관계를 잘 설명해준다.

페어웨이 이론에 의하면 골프장이 많은 국가일수록 친미적 성향이 강하고, 적을수록 반미 성향을 띤다고 한다. 하스는 그 예로 베트남과 베네수엘라를 꼽았다. 베트남은 전쟁 이후 경제 성장 정책을 추진하면서 최고급 골프장을 여기저기에 조성했다. 반면 베네수엘라에서는 우고 차베스 Hugo Chavez가 집권한 이래 골프를 부르주아적이라고 비판하며 골프장을 폐쇄했다. 이는 쿠바에서도 마찬가지였다. 카스트로나 체 게바라는 혁명을 이루기 전에 골프를 친 경험이 있었다. 하지만 공산 혁명을 이룬 다음에는 반미 정책을 펴며 골프장을 없앴다.

먼 나라에서 근거를 찾기보다 한반도를 보면 더욱 확실해진다. 〈골프 다이제스트〉에 따르면 북한의 경우는 2018년 현재 골프장이 단 3개뿐이라고 한다. 반면에 남한은 어떤가? 경제 성장 과정에서 전국에 수많은 골프장이 들어섰고, 골프가 중산층을 넘어 서민에 이르기까지 대중화했다. 특히 여자 골퍼들은 세계 최정상의 실력을 자랑하고 있다.

한국의 경우를 보면, 골프장이 경제 성장과도 밀접한 관계가 있음을 알 수 있다. 그동안 기록적인 경제 성장률을 구가해온 중국도 골프장 수가 폭발적으로 증가했다. 한편 미국에서는 경제가 침체기에 접어들면 새로 문을 여는 골프장보다 폐쇄되는 골프장 수가 많아진다고 한다.

결국 골프장이 많다는 것은 그만큼 중산층이 두터워지고, 많은 시민이 레저를 즐길 여유를 갖게 되었다는 것을 의미한다.

07 | 경제난이
건강을 증진시킨다?

극심한 경제난을 겪던 1990년대 초 쿠바 국민은 심장 질환과 당뇨병으로 사망하는 경우가 크게 줄었다고 한다. 식량난으로 칼로리 섭취가 어렵고 교통수단용 연료 부족으로 신체 활동이 늘면서 국민의 체중이 감소해 비만 관련 질환이 줄었기 때문이다.

스페인·미국·쿠바의 공동 연구팀이 쿠바 국민의 건강·의료 기록 자료를 조사한 결과에 따르면 1991~1995년 당뇨병 사망자가 절반가량 줄고 심장 질환 사망자는 3분의 1로 감소했다. 이 기간 동안 쿠바 국민은 몸무게가 평균 5.5킬로그램 줄어든 것으로 나타났다. 극심한 경제난이 오히려 국민 건강 상태를 향상시킨 역설적인 결과를 가져온 것이다.

쿠바는 1990년대 초·중반 '특별 기간special period'이라고 부르는 경제난을 겪었다. 쿠바 경제는 소련의 원조에 크게 의존해왔는데, 1991년 소련이 붕괴하자 석유·식량 등 각종 지원이 끊기면서 큰 타격을 입었다. 1990~1993년 국내총생산GDP이 33퍼센트 감소할 정도였다. 당시 쿠바 국민은 일상적인 식량 부족에 시달려야 했다. 먹을 것이 부족해지면서 동물원 동물이 도난당하는 일도 있었다고 한다. 유엔식량농업기구에 따르면 당시 쿠바 국민의 1일 평균 영양 섭취는 1989년 3052칼로리에서 1993년 2099칼로리로 떨어졌다.

경제의 어려움이 비만 감소를 불러왔고 이것이 역설적으로 성인병 같은 질병의 위험성을 줄여 국민의 건강 상태를 호전시키는 결과를 가져왔다는 사실은 흥미 있는 조사 결과다. 나쁜 현상도 그 이면에 좋은 점을 내포할 수 있다는 뜻이기 때문이다.

이런 결과는 한국의 노인 복지 정책에도 반면교사가 된다. 우리나라 노인은 65세가 되면 지하철을 무료로 이용한다. 이 때문에 지하철공사에서는 연간 적자가 2000억 원을 상회한다며 정부와 지자체의 지원을 요구하고 있다. 이에 대한 대안으로 노인 연령을 70세로 조정하거나, 매달 한도가 정해진 교통 바우처를 제공하거나, 아니면 많은 외국의 경우처럼 노인 할인 제도를 도입하자는 의견도 있다.

그러나 한편으론 노인의 지하철 무료 이용 때문에 사회적으로 보이지 않는 혜택이 따른다는 점을 간과해서는 안 된다. 지하철 무료 이용 덕분에 노인이 바깥출입을 더 자주하고 일상적으로 더 많이 걸음으로써 당뇨나 고혈압, 폐 질환 등의 성인병을 예방하거나 억제해 의료비 지출을 상당히 줄일 수 있다. 아직 이에 대한 통계를 조사한 적이 없어 정확히는 알 수 없지만 상당한 규모의 의료비 절약이 예상된다. 또 다른 한편으론 기대 수명longevity의 문제도 있다. 노인들이 더 건강해지면 평균 수명이 연장되어 연금 지출이 상당히 늘어날 수 있기 때문이다. 그러면 연금 재정의 고갈을 앞당기고, 이는 젊은 세대의 세금이 늘어날 수밖에 없는 문제를 수반한다. 동전의 양면성이라고나 할까?

08 | 미국의 산타클로스가 된 베네수엘라 차베스 대통령

　　1998년 베네수엘라 대통령에 당선된 우고 차베스는 2013년 사망할 때까지 14년간 집권하면서 석유 등 천연자원 기업을 국유화하고 국가 재정의 95퍼센트를 원유 수출에 의존해왔다. 그리고 그 오일 머니에서 생기는 막대한 재원을 이용해 빈곤층에게 무차별적으로 토지, 의료, 교육 등 무상 복지 혜택을 제공함으로써 장기 집권의 발판을 마련했다. 그러나 석유 가격이 급락하면서 재정은 거덜 났고 포퓰리즘에 기반한 차베스 정권은 비극적으로 막을 내렸다. 베네수엘라는 고갈된 재정을 메우기 위해 돈을 마구 찍어내면서 엄청난 인플레이션이 생기며 최악의 경제난을 겪기에 이르렀다.

그런데 차베스 베네수엘라 대통령 경제 정책의 최대 수혜자는 바로 미국이라는 주장이 제기되었다. 차베스가 반미反美를 기치로 내걸었지만 경제 분야에서만큼은 양국 간 교류를 확대해왔기 때문에 그의 정권하에서 미국 기업들이 최대 수혜자가 되었다는 것이다.

차베스 대통령이 '21세기 사회주의'를 완수한다며 빈곤층에 막대한 현금을 지급하자 내수가 폭발적으로 증가했고, 고유가에 힘입어 베네수엘라 경제는 연 11~12퍼센트씩 성장했다. 한편 같은 기간에 소비는 이보다 훨씬 높은 연간 18퍼센트의 성장을 기록했다. 이처럼 내수 호황이 이어지는 동안 미국 기업은 콜라와 치약에서 자동차와 전자제품에 이르기까지 각종 상품을 베네수엘라에 판매해왔다.

특히 컴퓨터 분야에서는 인텔이 차베스 정책의 최대 수혜자로 떠올랐다. 차베스 정부가 학교와 정부 기관을 중심으로 '국민 PC' 공급 사업을 대대적으로 펼쳤기 때문이다. 미국 자동차 회사들도 당시 베네수엘라에서 호황을 구가했다. 베네수엘라에 공장이 있던 포드 자동차의 매출은 고유가 시기에 매년 50퍼센트씩 늘었다. 이처럼 양국 간 교역이 늘면서 베네수엘라는 대미 무역 규모에서 브라질을 제쳤다. 중남미에서 멕시코 다음으로 미국의 최대 교역국으로 부상한 것이다.

이처럼 차베스의 포퓰리즘 정책으로 국민이 흥청망청 소비를 늘리던 시기에 베네수엘라 경제에서 가장 많은 수익을 얻은 것은 바로 미국 기업들이었다. 이는 글로벌 자본주의 기업들이 정당성에는 눈을 감고 오로지 경제적 이익 추구에만 몰두한다는 사실을 다시금 깨닫게 하는 대목이다. 국제 석윳값이 폭락한 후 베네수엘라는 차량에 휘발유를 넣기 위해 주유소에서 장사진을 칠 만큼 국내 경제가 파탄에 이르렀고, 이는 지금도 현재 진행형이다.

09 | 예수와 제자들은 '최후의 만찬' 때 얼마나 많은 음식을 먹었을까

예수 그리스도가 열두 제자와 함께한 '최후의 만찬'에서는 얼마나 많은 음식을 먹었을까. 《성경》에는 빵과 포도주를 나눠 먹었다는 기록만 있을 뿐이다.

2010년 미국 코넬 대학 연구팀은 '최후의 만찬'을 그린 그림 속 요리와 접시 크기가 후대로 갈수록 커진다는 연구 결과를 내놓았다. 이 연구팀은 1000 ~ 2000년 사이에 제작된 '최후의 만찬' 그림 52점을 분석했다. 그리고 컴퓨터 디자인 기술을 응용해 그림에 등장하는 요리와 접시를 스캐닝해서 시대별로 크기를 비교했다. 분석 대상 그림 중에는 1080년에 그려진 이탈리아 벽화부터 유명한 레오나르도 다빈치의 작품도 포함되었다.

연구팀에 따르면, 이 기간 동안 '최후의 만찬' 그림 속 메인 요리의 크기는 69.2퍼센트, 빵과 접시는 각각 65.6퍼센트, 23.1퍼센트씩 커졌다. 1080년에 그려진 이탈리아 벽화 속 만찬에는 접시 하나에 담긴 고기와 등장인물들 앞에 놓인 빵 한쪽이 전부였다. 그러나 1498년에 그려진 다빈치의 그림에는 양고기와 빵 수십 개가 식탁에 올라갔다. 이보다 100여 년 뒤인 1594년 그려진 야코포 틴토레토Jacopo Tintoretto의 그림에는 빵이 수북이 쌓여 있다. 그림 속에 그려진 메인 요리는 생선(18퍼센트)이 가장 많고, 양고기(14퍼센트)와 심지어 유대인들이 먹지 않는 돼지고기(7퍼센트)까지 포함되어 있다. 메인 요리가 없는 그림도 25점이나 됐다.

　　연구팀은 '최후의 만찬'이 오랫동안 그림의 소재가 되었기 때문에 각 시대별로 음식 문화를 비교할 수 있는 좋은 도구라고 밝혔다. 이처럼 시대가 지나면서 그림 속 음식의 크기나 분량이 늘어난 것은 아마도 사람들의 식생활이 조금씩 풍족해졌기 때문인 것으로 보인다. 농업 기술의 발달 등으로 사람들의 식탁이 점점 풍요로워지면서 그런 현상이 그림에도 반영된 것이다.

10 | 사람의 목숨값은 얼마일까

사람은 평등하다고 배웠지만, 돈은 우리를 평등하게 대하지 않는다. 우리는 흔히 인간은 고결한 존재이고, 우리가 신봉하는 가치는 변하지 않는다고 생각한다. 그런데 이것은 착각이다. 누구나 살면서 선택을 하는 매 순간마다 '이것이 나을까, 저것이 나을까' 저울질을 하게 된다. 이런 저울질이야말로 시장 경제에서 가격을 매기는 행위다. 이런 가격을 암묵적 가격implicit price이라고 한다.

어떤 철학자는 "모르는 사람의 생명을 1년 연장시키는 비용을 당신이 지불해야 한다면 얼마를 내겠느냐"고 묻는다. 그때 머릿속에 스친 액수가 바로 당신이 인간의 생명에 매긴 가격인 것이다.

멕시코 출신 불법 이민자를 심사했던 한 변호사의 이야기다. 한 불법 체류 멕시코 남자가 고향에 두고 온 아이들을 어떤 루트로 미국에 데려올지 고민했다고 한다. 검문을 피해 사막을 도보 횡단하는 루트는 값싼 대신 위험했고(1500달러), 위조 서류로 검문소를 통과하는 루트는 목숨을 잃을 가능성은 없지만 비쌌다(5000달러). 이때 그 남자가 고민한 것은 결국 '자식의 목숨값'이다. 1500달러를 지불할 것인가, 5000달러의 비용을 치를 것인가? 이런 선택을 저울질하는 아빠는 냉혹한 걸까? 당신이라면 어떤 선택을 할까? 이에 대한 답을 하기 전에 한 가지를 더 생각해보자. 당시 그 남자의 시급이 8달러였다는 걸 말이다.

2001년 9·11 테러 당시 총 2977명이 비명횡사했다. 사망자에 대한 미국 정부의 보상금은 비경제적 손실(슬픔)과 경제적 손실로 나뉘었다. 비경제적 손실에 대한 보상금은 풀기가 쉬웠다. 모든 유족에게 '희생자 1인당 25만 달러'씩 똑같은 액수를 책정했기 때문이다. 문제는 경제적 손실에 대한 보상이었다. 실제로 희생자의 연령과 연봉에 따라 최저 25만 달러부터 최대 710만 달러까지 수십 배 차이가 났다. 살아 있는 동안 경험했던 불평등이 죽음 후에도 고스란히 이어진 셈이다. 이러한 결정은 정당한 것인가?

사실 생명에 값어치를 매긴다는 것 자체가 불편할 수밖에 없다. 그러나 인간은 역사적으로 줄곧 이런 선택을 해왔다. 경제사적 관점에서 볼 때, 노예제가 종식될 수밖에 없었던 이유는 '생산 구조의 변화'이지 휴머니즘에 입각한 인도주의가 아니었다. 원시 시대에는 가까운 가족 이외의 식구를 먹여 살릴 만큼 풍족하지 않았으므로 노예를 거느릴 여지가 전혀 없었다. 농업 기술이 발달하자 땅에서 나오는 식량 생산이 늘어났다. 가능한 한 많은 사람이 노동에 종사하면서 수확량도 그에 따라 늘었다. 그런 연고로 권력자에게는 노예제가 매력적인 제도로 부상했다. 그러나 산업혁명 이후 생산력의 원천이 도시와 공장으로 이동하면서 노예제는 불필요한 장애물 같은 존재가 되었다. 왜냐하면 값싼 인력이 임금 노동자로 공장 주변에 넘쳐나자 굳이 노예를 보유할 이유가 없어졌고, 노예제를 폐지하자는 주장이 대세를 이루었기 때문이다.

1995년 '기후 변화에 대한 정부 간 패널'에서는 가난한 나라 국민의 목숨값은 15만 달러, 부자 나라 국민의 목숨값은 150만 달러라고 추산했다. 게다가 2008년 글로벌 금융 위기 이후 국가 간 부의 편차는 더욱 심해졌다. 동시에 한 국가 내부에서도 소수의 승자 그룹에 부가 집중되면서 양극화 현상이 한층 심각해지고 있다. 이런 추세가 계속되면 대중이 부의 불평등을 납득할 수 없게 되고, 그러면 자본주의 시스템은 실패했다는 인식이 확산할 것이다. 따라서 자본주의 체제 자체는 무너지지 않을지라도 어떤 형태로든 변화할 게 분명하다. 아마도 사회 안전망을 확대한 '조심스러운 자본주의cautious capitalism'로 진화할 듯싶다. 그러면 '가진 자'와 '못 가진 자' 사이에 목숨값의 간극이 좀 좁혀지지 않을까?

11 세계화와 모델의 몸값

패션모델은 많은 여성의 꿈이다. 일부 여성은 모델이 되기 위해 극단적 다이어트도 서슴지 않을 정도다. '뉴욕 패션 위크New York Fashion Week'에서 일급 모델이 받는 돈은 대체로 1000달러 정도라고 하는데, 이 패션쇼에 출연하면 지명도를 높일 수 있기 때문에 무료로 출연하는 경우도 많다고 한다. 그런데 이런 여성들의 소망도 이제는 점차 무산되고 있다. 세계화와 인터넷의 직격탄을 맞아 미국, 프랑스 등지에서 패션모델의 지위와 대우가 갈수록 떨어지고 있기 때문이다.

현재 모델업계에선 세계화와 더불어 러시아와 동유럽, 그리고 브라질 출신 모델이 매년 수천 명씩 쏟아지고 있는 실정이다. 이처럼 공급이 폭증하면서 모델의 시장 가격이 떨어졌다. 최근 모델 시장에서는 미국, 캐나다, 서유럽 출신 모델이 경쟁에서 밀려나고 있다. 동유럽 출신 모델을 낮은 보수로 채용할 수 있는 데다 이들은 대체로 어깨가 좁고 엉덩이는 작아 디자이너가 선호하는 체형을 갖추고 있기 때문이다. 대표적인 미국 브랜드 캘빈클라인의 경우도 뉴욕 패션 위크에서 미국 모델을 점차 쓰지 않는다. 대신 절반 이상의 모델을 러시아나 동유럽 출신으로 채운다.

여기에 설상가상으로 인터넷의 등장이 모델업계의 일하는 방식을 근본적으로 뒤흔들어놓았다. Models.com 같은 인터넷 사이트에는 매달 수만 명의 모델 지망생이 전 세계 각지에서 자신의 프로필을 올린다. 디자이너들은 이 같은 인터넷 사이트를 통해 언제든지 필요한 새로운 얼굴을 확보할 수 있다.

경쟁이 치열해지면서 모델로 일할 수 있는 기간도 평균 8~10년에서 이제는 1~2년으로 줄어들었다. 바야흐로 모델의 희소성이 사라져버렸다.

12 │ 사회적 '관시'도 매매 가능할까

　인간관계나 인맥을 이용하는 것은 어느 사회에서나 필요 불가
결한 일이다. 하지만 도덕적으로 문제가 될 경우도 없지 않아 있
다. 만약 그 활용 정도에 따라 사례금이 오고 간다면 더욱 그렇다.

　중국에서는 2007년 '관시關係' 및 지식 매매 온라인 사이트가 오
픈했다. 혼자 풀기 어려운 문제를 게시판에 올리고, 그걸 해결한
사람에게 사례금을 지급한다. 그리고 사이트 운영자는 요금의
20퍼센트를 수수료로 챙긴다. 일례로 정부에 압류당한 차를 되
찾는 방법을 알려주거나, 베이징 후커우戶口—한국의 주민등록에
해당—를 만들어주기도 한다. 당연히 해결하기 어려운 주문일수
록 사례금은 올라간다. 그런데 관시를 이용하는 '인맥人脈 임무'는

지식을 활용하는 '지력智力 임무'보다 요금이 비싸다. 특히 '인맥 임무'는 정상적인 방식으로는 쉽게 해결할 수 없는 요구인 경우가 많기 때문이다.

문제는 관시를 이용해 관련 부문의 공직자를 찾아 해결해달라는 게 결국 불법적 청탁을 통해 부정과 비리를 저지르는 일 아니냐는 것이다. 아울러 인간관계를 어떻게 사고팔 수 있느냐는 도덕적 문제도 제기된다.

그런데 중국에서는 '사회적 관계' 역시 하나의 재화로서 매매 가능하다는 주장을 받아들이는 경향이 있다. 오히려 이런 사이트가 지식 및 관계 분야에서 새로운 산업을 창출했다고 여길 정도다. 관시를 중시하는 중국 특유의 관습을 엿볼 수 있는 흥미로운 대목이다.

사이트 관계자는 사람들이 지식과 인맥을 서로 잘 활용하도록 돕는 것이지 절대로 관시를 이용해 부정이나 비리를 조장하는 것은 아니라고 말한다. 이 온라인 사이트의 영업 방식은 사회 구성원은 누구나 6단계만 거치면 서로 연결된다는, 미국 하버드 대학 스탠리 밀그램Stanley Milgram 교수의 유명한 '6단계 분리 법칙'에 기초한 것이며, 단지 이 사이트를 통해 6단계를 2단계로 줄였을 뿐이라는 것이다.

중국 정부 역시 이 사이트에 아무런 조치도 취하지 않고 있다.

재화와 용역의 매매를 알선하고 중개료를 받는 것은 중국에서 법적으로 아무런 하자가 없기 때문이다. 그렇지만 관시를 매개로한 이러한 서비스 매매 행태를 정당화할 수 있는지는 여전히 의문이다.

13 │ 소득을 결정하는 가장 중요한 요소는 어디에 사는가이다

　이러한 질문을 받으면 대부분의 사람은 '열심히 공부해서 좋은 대학을 졸업하고 번듯한 직장에 취직하는 것'이라는 모범 답안을 떠올리기 쉽다. 학생들이 대학에 입학하자마자 영어책을 끼고 살며 토익 성적에 일희일비하고, 방학 때마다 인턴 경험을 쌓기 위해 애쓰는 것도 취직하는 데 필요한 이력서를 화려하게 꾸미기 위해서다.

　그런데 UC버클리 대학 경제학과 교수 엔리코 모레티 Enrico Moretti 가 제시한 답은 이런 상식을 깬다. 그는 자신의 저서 《일자리의 새로운 지형 The New Geography of Jobs》에서 소득을 결정하는 가장 중요한 요소는 이력서에 나와 있는 학력이나 경력이 아니라 '어디에 사는지 여부'라는 도발적 주장을 펼쳤다.

모레티 교수는 출간하자마자 아마존의 경제·경영 분야 베스트셀러에 오른 이 책에서 미국 주요 도시들의 과거 20여 년간 일자리 및 평균 소득 추이를 분석했다. 그리고 실리콘밸리가 있는 새너제이San Jose처럼 일자리가 많이 생기고 평균 소득도 다른 도시보다 높은 곳을 '브레인 허브brain hub'라고 정의했다. 고급 두뇌가 많이 모이는 혁신의 중심지란 뜻이다.

브레인 허브의 특징은 많은 연봉을 받는 혁신적 일자리가 많다는 데 있다. 연봉을 많이 받으면 그만큼 많이 쓰기 때문에 다른 일자리가 늘어나고 전체적인 소득 수준도 당연히 높아진다. 모레티 교수의 실증 분석 결과, 혁신적 일자리 1개당 서비스 일자리 5개가 생기는 것으로 나타났다. 이는 제조업 고용 창출 효과의 2배에 달한다.

고학력자가 많다는 것도 브레인 허브의 또 다른 특징이다. 당연하게도 고학력자가 많을수록 평균 소득 또한 높은 것으로 조사됐다. 예컨대 같은 캘리포니아주에서도 새너제이의 대졸자 비중은 47퍼센트인 반면, 머데스토Modesto는 16퍼센트에 불과하다. 이는 곧바로 연봉 차이로 직결되어 새너제이의 대졸자 연봉이 머데스토 대졸자보다 40퍼센트 이상 높았다.

그는 또한 실리콘밸리에서 과학자나 프로그래머로 일하지 않고 택시 기사나 목수, 이발사를 하더라도 다른 도시보다 훨씬 많은 소득을 얻을 수 있다는 색다른 주장도 내놓았다. 이른바 낙수 효과가 두드러진다는 것이다.

14 | 수렵 사회가 농경 사회보다
더 건강했다

수렵·채집 사회의 경제적 상태가 농경 사회 때보다 덜 풍요롭고 영양 또한 더 열악했을 것이라는 게 그동안 대부분 학자들의 견해였다. 그런데 2011년 서울대 인문학연구원에서 그러한 상식적 추론에 반하는 연구 결과를 내놓았다.

전통적으로는 농경 사회가 수렵·채집 사회보다 더 나은 것으로 여겨졌다. 하지만 농경 사회 원주민의 생활 문화나 유골 조사를 근거로 한 고고학 연구에 따르면 초기 농경민의 삶은 상당히 고달팠다. 반면 수렵·채집 원주민을 대상으로 한 인류학적 조사는 이들이야말로 '원초적 풍요'를 누리고 있었음을 보여준다. 그 이유는 무엇일까?

우선 이들은 적게 원하고 크게 만족한다. 아프리카 '쿵 부시맨'이 그 예다. 이들은 생활에 필요한 물질만을 소유한다. 욕구를 최소화하고 기술의 단순화와 재료의 민주화를 통해 풍요를 누린다. 끊임없이 욕구를 창출함으로써 희소성을 끝없이 만들어내는 '문명' 자본주의 사회와 대조적이다. 이들은 여가 시간도 많다. 부시맨은 건기의 열악한 환경에서도 식량 확보를 위해 주 12~19시간만 노동할 뿐이다. 또한 농경 사회에 수반되는 절기節氣도 없어 특별히 바쁜 때도 없다. 아울러 부시맨은 하루 2140칼로리 정도를 섭취한다. 20세 이상 한국인 남성의 권장량(1800~2500칼로리)에도 뒤지지 않는다.

한편 초기 농경 생활은 인류의 건강을 악화시켰다. 1980년대 중반부터 이뤄진 유골 정밀 분석 결과를 보면, 농경 사회에서 육체적 노동이 가중됐다고 한다. 골격 스트레스 검사에서는 농경민이 수렵·채집인보다 훨씬 힘든 근육 활동을 한 것으로 나타났다. 영양 상태도 나빴다. 수렵·채집인은 다양한 식량 자원을 이용한 반면 농경민은 주식 작물 몇 가지에 의존한 결과 '흉년'과 편식에 시달리고, 수명도 짧아졌다는 것이다. 치아 감식에서는 수렵·채집 집단의 어른 평균 수명이 농경 집단보다 훨씬 높은 것으로 확인됐다.

15

인공육과
3D 프린터

3D 프린터의 활용 범위는 도대체 어디까지일까? 3D 프린터로
집을 짓거나 부품을 찍어내 자동차를 생산하는 일이 모두 경제적
으로 효율성 있는 프로젝트가 된 지 오래다. 심지어 인조 식품을
만들어내는 사업에도 3D 프린터를 이용하고 있다.

아시아 최대 부호 리카싱李嘉誠 청쿵그룹長江 Group 회장은 3D 프린
터로 만든 '인공육肉' 사업에 1000만 달러를 투자했다. 홍콩에서
실제 달걀의 절반 가격으로 '인공 달걀beyond egg'을 출시한 경험을
살려 인공 육류 사업에 진출한 것이다. 리카싱 회장이 투자한 미
국의 벤처 기업 '모던 메도Modern Meadow'는 3D 프린터를 이용해 식
용 돼지고기와 소고기를 제조하는 기술 개발에 성공했다. 원재료

인 소와 돼지의 근육 세포를 채취한 뒤 단백질을 공급해 이 세포를 배양하고, 그렇게 배양한 세포를 3D 프린터를 통해 겹겹이 복제하는 방식이다. 3D 프린터를 이용한 식품 제조 방식은 환경 오염을 줄일 수 있을 뿐 아니라 동물을 살육하지 않고도 식량 문제를 해결할 수 있다는 장점이 있다.

리 회장은 평소 가상 화폐인 비트코인 같은 신흥 사업에 공격적으로 투자해 홍콩의 '워런 버핏'으로 불린다. 그는 14세 때부터 찻집 종업원과 공장 노동자로 일해서 모은 돈으로 22세 때 플라스틱 공장을 차렸을 정도로 입지전적인 인물이다.

2부

돈으로 행복을 살 수 있을까

16 | 현대판 바벨탑:
초고층 빌딩과 경제 불황

도이체방크의 애널리스트 앤드루 로런스는 1999년 지난 100년 간의 사례를 분석해 "역사적으로 초고층 빌딩 건설과 경제 위기 사이에는 연관성이 있다"는 흥미로운 주장을 제기했다. 이른바 '마천루의 저주^{skyscraper curse}'라는 가설이다.

미국 시카고의 시어스타워(1974년)는 고정환율제를 골격으로 하는 브레턴우즈 체제가 붕괴하고 미국이 스태그플레이션을 겪던 시기에 문을 열었다. 그에 앞서 뉴욕의 크라이슬러빌딩(1929년)과 엠파이어스테이트빌딩(1930년)은 대공황 시기에 완공되었다. 요컨대 초고층 빌딩에 집착하는 인류의 열망이 경제 위기의 전조가 되었다는 것이다.

아시아에도 초고층 빌딩 건설 경쟁이 불어닥쳤다. 한국 건설 회사의 기술력으로 세운 말레이시아 쿠알라룸푸르의 페트로나스타워(1997년)는 아시아 경제 위기의 와중에 건설되었다. 이후 2004년에는 대만의 타이베이금융센터(일명 101빌딩), 2008년에는 '중동 경제의 허브' 두바이에 700미터 높이의 버즈두바이가 들어섰다. 그리고 2008년에는 미국에서 시작된 금융 위기가 전 세계에 영향을 미쳐 글로벌 경기 침체를 불러왔다. 이후 중국은 2012년 세계에서 가장 높은 전망대를 자랑하는 상하이국제금융센터를 세웠고, 인도는 뉴델리 인근에 140층 높이의 초고층 빌딩을 짓고 있다. 과연 이들 건물은 '초고층 빌딩의 저주'를 피해갈 수 있을까? 로런스는 아시아에서 건축한 고층 건물들은 고대 로마 최후의 날을 떠올리게 한다고 언급했다. 꽤 불길한 예언이다. (2019년 중국 우한에서 비롯된 코로나19 팬데믹과 세계 경제 위기가 떠올라 소름이 돋기까지 한다.)

한국의 경우는 어떨까. 2017년 550미터에 이르는 롯데타워가 서울의 스카이라인을 바꾸어놓았다. 그런데 그 후 소득 주도 성장론에 의한 최저 임금의 급격한 상승 등으로 경제 성장률은 낮아지고 수출 산업에서도 경쟁력을 상실해가고 있다.

이처럼 여러 사례가 증명하듯 초고층 빌딩과 경제 위기 사이에는 연관성이 있다. 로런스는 초고층 빌딩 건설이 기술 혁신보다 경제적 붐에 영향을 받으며, 가장 높은 빌딩을 가지려는 각국의 열망은 갑작스러운 자본 유입과 깊은 관련이 있기 때문에 경기 변동이나 경제 위기와 직접적 연관성을 지닐 위험이 다분하다고 주장했다.

17 | 로스차일드 가문의
종잣돈

로스차일드 금융 재벌은 유대계로서 독일 프랑크푸르트에서 사업을 벌이다 영국으로 이주한 네이선 로스차이드 ^{Nathan Rothschild} 로부터 시작되었다.

1815년 6월 20일 아침, 런던의 증권거래소에 한 점잖은 신사가 모습을 드러냈다. 거기에 모여 있던 많은 사람이 그를 주목했다. 그의 이름은 네이선 로스차일드. 거래소에 있던 사람들은 왜 그를 주목했을까? 1815년 6월은 바로 영국의 웰링턴 장군이 홀랜드-프러시아 연합군과 함께 워털루에서 나폴레옹 군대와 대회전을 앞두고 있던 때였다.

이런 상황에서 이날 아침 네이선 로스차일드가 거래소에 모습을 나타낸 것이다. 사람들이 그를 주목한 이유는 그만이 워털루 전투의 결과에 대한 정보를 가지고 있을 것이라고 생각했기 때문이다. 당시는 지금에 비하면 통신 수단이 지극히 제한적이었다. 전화, 팩스, 이메일 따위는 물론 전보나 전신 또한 없던 때였다. 그러면 가장 빠른 통신 수단은 무엇이었을까? 그건 바로 '비둘기'였다. 통신 네트워크 사업에 막대한 투자를 한 네이선은 비둘기를 이용한 우편 사업에 손을 뻗치고 있었다.

그는 자신만이 가지고 있던 정보를 어떻게 사용했을까?

네이선은 그날 많은 사람이 주시하는 가운데 보유 주식을 아주 조금 팔았다. 그런데 이것이 다른 사람들에게 엄청난 시그널을 주었다. 많은 투자자들이 이를 보고 '아, 연합군이 졌구나'라고 생각해 앞다퉈 주식을 매도했다. 주식은 엄청난 폭락을 기록했다. 그는 이 와중에도 침착하게 때를 기다렸고, 워털루 전투의 승전보가 런던으로 날아들기 직전 폭락해버린 주식을 몽땅 사들였다. 이때 그는 2500파운드를 투자해 그 원금의 무려 2500배를 거두어들였다고 한다. 그리고 이 자금이 오늘날 영국의 세계적 금융 회사인 로스차일드의 종잣돈이 되었다.

18

스마트하게
가격 매기기

기업들에게 가격 정책은 뇌 수술과 같다고 한다. 한 번 건드리면 결과가 즉각적인 데다 되돌리기 어렵기 때문이다. 게다가 요즘은 소비자마저 충분한 가격 정보로 무장한 상태다.

전통적으로 대부분의 기업은 다음의 세 가지 방법으로 가격을 정해왔다. 매상 목표를 정한 뒤 이에 소요되는 평균 비용을 도출하고 여기에 이윤을 더해 가격을 정하는 방법. 경쟁사의 제품 가격에 가깝게 조정하는 방법. 그리고 고객들이 자사 제품에 얼마나 돈을 쓸지 평가해 가격을 매기는 방법. 세 가지 모두 단순하고 안전한 방법이지만, 급변하는 시장 환경을 반영하지는 못한다. 따라서 오히려 황당하게 보이는 가격 정책이 때로는 예상 밖의 효과를 내고 기업을 성장시키는 경우가 의외로 많다.

케이스 1: 영국의 록 밴드 '라디오헤드'는 최신곡을 발표하면서 한 가지 실험을 했다. 홈페이지에 음원을 올려놓고, 팬들이 이를 다운로드할 때마다 알아서 가격을 정하게 한 것이다. 이 전략은 뜻밖에 성공을 거두었다. 180만 명이 음악을 다운로드받았고 그중 40퍼센트가 지불을 했던 것이다. 이들이 지불한 평균 가격은 2.26달러였다. 라디오헤드는 중간 유통 과정이 필요한 전통적인 정가定價 정책을 통한 것보다 많은 수입을 올렸다.

'원하는 만큼 지불하라' 정책은 판매자의 고민을 덜어준다. 미국 GDP의 1.93퍼센트가 제품의 가격을 책정하는 데 쓰인다는 통계가 있다. 이 비용을 '메뉴 비용'이라고 한다. 라디오헤드의 전략은 높은 가격을 지불할 뜻이 있는 구매자에게 비싸게 팔 수 있고, 판매량을 늘려 시장의 크기도 키울 수 있다. 일종의 '가격 차별' 정책의 일환이다. 특히 추가 생산에 비용이 거의 들지 않는, 소프트웨어 같은 지적 자산에 효과적이다.

케이스 2: 구글은 세계 최고의 검색 엔진이다. 사용은 공짜다. 무상 제공을 통해 구글은 아마존과 함께 세계에서 시장 가치가 가장 큰 거대 기업으로 성장했다. 유튜브, 트위터, 페이스북 모두 무료 서비스로 성공한 예다. 서비스는 공짜이지만 광고라는 장기적 수익 모델이 있는 것이다. 인터넷상에서는 이용자들의 '주의 ^{attention}'가 곧 돈이다. 기업들은 구글을 이용해 더욱 효율적으로 광고를 할 수 있다.

케이스 3: 호주의 슬롯머신 기기 회사는 자기들이 생산하는 페니 슬롯머신(페니 단위로 돈을 넣을 수 있는 기계) 한 대가 하루에 400달러를 벌어들인다고 주장했다. 이는 일반 슬롯머신의 2배에 달하는 액수다. 이것이 바로 '푼돈 효과'다. 가격을 9.99달러로 책정한 상품의 경우 10달러에 팔릴 때보다 매출이 5퍼센트 정도 늘어난다고 한다. 이런 푼돈 효과가 최근 거의 모든 카지노를 변화시키고 있다. 게임 시작을 위한 비용이 낮기 때문에 고객들은 페니 슬롯머신으로 손해를 볼 가능성이 적다고 생각한다. 그러나 많은 게임을 하다 보면 결국 더 많은 돈을 쓰게 된다.

케이스 4: 롯데마트가 시중보다 절반 이상 가격을 낮춘 이른바 '통큰치킨'을 내놓은 적이 있다. 소비자들은 열광했다. 그러나 영세 업체들의 반발로 결국은 판매를 중단했다.

이런 저가 전략은 대기업이 시장에서 경쟁 기업을 몰아내기 위해 흔히 쓰는 방식이다. 갑자기 값을 큰 폭으로 내려 경쟁자들을 제거하는 것이다. 이러한 가격 전쟁은 산업 전체로 볼 때 장점도 있다. 저가 전쟁을 통해 산업 자체가 재조직될 reorganized 수 있기 때문이다. 기업들은 비용을 절감하기 위해 기술 혁신을 시도하고, 이를 통해 소비자는 이득을 보는 것이다. 그러나 치킨 같은 소비재 시장은 기술 혁신이 가능한 분야가 아니다. 영세 상권만 위축시키는 결과를 초래하기 때문에 결국 롯데마트는 이 전략을 철회하고 말았다.

케이스 5: 뉴욕의 의류 소매업체 'Syms'는 가격 할인 정보를 모두 공개했다. 옷이 매장에 처음 도착했을 때 가격, 그 후 10일이 지날 때마다 이전보다 낮아지는 가격을 세 가지로 나누어 표시한 것이다. 옷은 도매가보다 보통 100~500퍼센트의 높은 가격이 책정된다. 그리고 상점들은 상품이 언제 세일에 들어가는지 비밀에 부친다. 하지만 Syms는 할인 정보를 공개해 큰 성공을 거두었다. 초기 가격은 소비자에게 특정 옷의 가치를 판단하는 틀로써 작용한다. 그리고 세일하는 기간을 알게 되면, 소비자들은 경쟁자(다른 고객)보다 특정 상품을 먼저 구입해야 한다는 심리적 압박을 받는다. 아울러 자동 할인 시스템은 재방문을 자연스럽게 유도한다. 이 방법은 유행을 타는 제품에 특히 적합하다.

케이스 6: 아마존닷컴은 '구독하고 절약하라'는 프로그램을 시행했다. 고객들은 샴푸·커피·우유 등의 수량과 이러한 제품을 다시 보충하는 빈도를 선택할 수 있다. 그에 따라 물건이 자동 배달된다. 마치 신문처럼. 매일 쓰는 세제나 시리얼도 필요할 때마다 사는 게 아니라, 정기적으로 구입하게 만들 수는 없을까? 이런 발상의 전환을 아마존닷컴은 실행에 옮긴 것이다. 배송 요금도 없고, 모든 물품은 15퍼센트 할인한다. 아마존은 이런 반복적 재판매를 통해 수익을 극대화할 수 있었다.

19 | 흡연과 행복감: 담배는 얼마나 해로운가

경제학자들은 이에 대해 흥미로운 연구 결과를 발표한 바 있다. 2005년 게임 이론으로 노벨경제학상을 받은 토머스 셸링 Thomas Shelling 메릴랜드 대학 교수를 비롯한 미국 경제학자 9명이 "식품의약국FDA에서 금연의 경제적 효과를 과장하고 있다"는 보고서를 제출한 것. 이들의 결론을 간단히 요약하면 "담배를 끊을 경우 건강을 얻지만 즐거움은 잃게 된다"는 것이다.

그들은 과거 FDA가 발표한 연구는 "금연의 경제적 효과를 계산할 때 폐암과 심장 질환의 감소 같은 건강 증진 효과만 계산했을 뿐 흡연자들이 누리는 행복감은 반영하지 않았다"고 주장했다. 따라서 금연으로 받는 고통을 감안해 금연의 경제적 효과를 다시 계산해야 하고, 그럴 경우 금연으로 얻는 건강 증진 효과의 70퍼센트가 상쇄될 수 있다는 것이다. 즉, 담배를 끊어서 얻는 건강상 이익을 100으로 놓았을 때 흡연을 통해 얻는 행복감이 70은 된다는 의미다. 금연으로 건강을 얻게 되지만, 흡연 욕구를 참느라 행복감이 현저히 떨어진다는 얘기다.

경제학자들의 이런 주장에 대해 보건 전문가들은 이 보고서가 담배 규제를 더 힘들게 할 수 있다며 FDA의 담배 규제 능력을 크게 위협할 것이라고 우려했다. MIT 경제학자 조너선 그루버Jonathan Gruber 교수는 이들이 추정한, 담배로 인한 행복의 양이 너무 크다고 지적했다. 문제는 그런 논리를 편다면 금연 정책을 펴기 어렵고, 담배 회사들과의 법리 논쟁에서도 밀릴 수밖에 없다는 것이다. 또 이런 주장은 자칫 식품과 음료 규제를 가로막을 수도 있다. 왜냐하면 설탕이나 탄산음료 규제가 행복을 뺏어간다는 논리도 가능하기 때문이다.

경제학자들이 이 같은 연구를 수행한 이유는 바로 FDA의 담배 규제가 '규제 영향 평가제'의 대상이 됐기 때문이다. 규제 영향 평가제는 경제적 효과가 1억 달러 이상인 규제에 대해 미리 전문가 분석을 통해 '고비용 저효과'의 악영향을 끊자는 취지에서 마련한 것이다.

인간은 왜 사는가? 아마도 행복해지기 위해서라고 대답하는 사람이 대부분일 것이다. 행복해지기 위해서는 즐겁게 사는 것이 중요하다.

흡연가들이 담배를 피우는 이유는 다양하다. 만족감, 평화, 여유로움 등등.

예전에는 자동차 안에서, 비행기 안에서, 교실에서 강의 중에, 심지어 영화관에서, 콘서트홀에서도 담배를 피울 수 있었다. 그리고 파티에서 여성을 만났을 때 담배를 권하고 불을 붙여주는 게 신사의 매너인 적도 있었다.

그러나 지금은 호랑이 담배 피우던 시절의 얘기다. 요즈음 흡연가들은 설 곳을 점차 잃어가고 있다. 어둠의 자식인 양 구석진 곳으로 내몰리고 있다. 이들은 담배를 사면서 상당한 세금을 지불하고 있지만 그 세금만큼 혜택을 돌려받고 있지 못하다. 요컨대 흡연자들에게도 여유 있고 품위 있게 담배를 피울 수 있는 공간이 필요하다는 얘기다.

골초이던 정조 임금은 1796년 조선을 흡연의 나라로 만들기 위해 책문을 내리면서 이렇게 말했다고 한다. "백성에게 담배를 베풀어 혜택을 나눠주고 그 효과를 확산해 천지가 사람을 사랑하는 마음에 조금이나마 보답하고자 한다." 이 말은 벤저민 프랭클린이 와인에 대해 했던 말과 비슷하다. "와인은 신이 우리를 사랑하고 우리가 행복하기를 바라는 변함없는 증거다."

지금은 담배의 의학적 폐해가 밝혀졌기 때문에 그 말의 중요한 의미는 퇴색해버렸지만 그래도 시사하는 바는 있다. 임어당^{林語堂}은 흡연을 "인류 최대의 쾌락 중 하나"라고 했고, 오스카 와일드Oscar Wilde는 "완벽한 기쁨의 완벽한 형태"라고 찬미했으니 말이다.

20

담뱃값 인상과 인간적 경제학의 필요성

담뱃값 인상은 항상 뜨거운 감자다. 여기서 가장 중요한 인과 관계는 과연 담뱃값 인상이 흡연율을 얼마나 줄일 것인가 하는 점이다.

의사협회는 흡연으로 인한 우리나라의 건강보험 급여 지출액이 연간 2조 원을 넘기 때문에 흡연율을 줄이기 위해서라도 담뱃값의 대폭 인상을 요구한다. 동시에 흡연 관련 질환으로 인한 우리나라의 사회경제적 총비용을 10조 원 이상으로 추정한다.

보건복지부에 따르면 한국 남성 흡연율은 OECD 회원국 평균보다 훨씬 높은 편인데, 담뱃값은 OECD 회원국 중에서 가장 싼 편에 속한다. 실제로 과거 2002년과 2005년 그리고 2015년의 담뱃값 인상이 흡연율을 크게 낮추었다.

하지만 담뱃값 인상에 반대하는 측은 담뱃값 인상이 흡연율에 미치는 영향은 미미하다고 주장한다. 왜냐하면 담뱃값의 수요 탄력성이 매우 낮기 때문이다. 이런 주장이 옳다면, 담뱃값 인상은 흡연율을 낮추지 못하면서 세수만 크게 늘리는 셈이다. 흡연율을 낮추기 위한 다른 방법도 있을 텐데 굳이 가격 인상을 고집하는 것은 국가의 재정 수입 증대 때문 아니냐는 의심을 거두지 않고 있다.

더욱이 담배 소비가 가구 소비 지출에서 차지하는 비중이 저소득층에서 더 크다는 통계도 있다. 따라서 담뱃값 인상은 고소득층보다는 담배로 삶의 고단함을 달래야 하는 저소득층에게 더 큰 고통을 줄 수 있다. 게다가 담뱃값에 포함된 세금을 고려하면 가격 인상은 저소득층에게 조세 부담을 증폭시키는 셈이다.

담뱃값이나 담뱃세에 대한 연구 중에서 아마도 가장 많이 알려진 것은 미국경제연구소NBER의 비스쿠시W. Kip Viscusi가 수행한 치밀한 연구일 것이다. 비스쿠시는 흡연자들이 흡연으로 병에 걸려 사망할 확률, 흡연으로부터의 즐거움, 그리고 질병에 걸렸을 때의 고통 등을 종합적으로 고려해 득실 계산을 한 다음 흡연 여부를 결정한다고 보았다. 합리적 선택에 따른 결정으로 흡연자들이 담배를 피우기로 했다면 그 이유는 득이 실보다 더 크기 때문일 것이다. 흡연이란 합리적인 경제 행위라는 뜻이다.

또한 흡연자가 생각하는 사망 확률이 과학적으로 증명된 것보다 낮을 수 있다. 실제로 이럴 경우, 흡연자는 담배를 과소비하게 된다. 그리고 담뱃세를 부과해야 하는 중요한 이유가 한 가지 더 있다. 담배는 부정적 '외부 효과'의 가장 전형적인 사례다. 흡연자는 다른 사람에게 피해를 준다. 담배 연기가 다른 사람의 건강에도 해롭다는 사실은 이미 과학적으로 밝혀졌다. 그러나 흡연자들은 제3자에게 미치는 이런 악영향(이른바 외부 효과)을 무시한다. 흡연자들이 사회적 적정 수준보다 더 많은 담배를 피운다는 뜻이다. 따라서 흡연자로 하여금 사회적으로 적정량만큼의 담배를 피우도록 유도하기 위해서는 담뱃세를 부과하거나 담뱃값을 올릴 필요가 있다.

그러나 그의 연구는 담뱃세의 필요성이 너무 과장되어 있다고 주장한다. 흡연은 생명을 단축시키기 때문에 개인의 의료비 지출을 줄일 뿐만 아니라, 의료 서비스 관리에 투입되는 국가 재정의 규모도 크게 줄여준다. 물론 흡연이 질병에 걸릴 확률을 높이고 그럼으로써 개인이나 국가가 부담하는 의료비도 늘어난다. 그러나 이에 비하면 생명 단축으로 인한 국가 재정 부담의 경감 정도가 훨씬 크다. 이런 긍정적 효과까지 종합적으로 고려하면 담뱃세를 올리기는커녕 오히려 내려야 한다고 비스쿠시는 결론짓는다. 이런 결론이 옳다면 흡연자는 나라의 돈을 절약해주는 애국자(?)인 셈이다.

이와 매우 흡사한 연구가 또 있다. 담배 회사 필립 모리스^{Philip Morris}가 경제 전문가에게 의뢰해서 수행한 '담뱃세의 경제적 타당성에 대한 연구'가 바로 그것이다. 연구는 흡연이 체코 정부의 예산에 미치는 영향에 대한 비용-편익 분석을 시도했는데, 그 결과 정부 입장에서 볼 때 흡연으로 인한 사회적 손실보다는 이익이 더 많은 것으로 나타났다. 비록 흡연자들은 생전에 많은 의료 비용을 초래하지만 빨리 죽기 때문에 정부가 노인을 위해 지출하는 의료 보건, 연금, 주거 등의 비용을 크게 줄여준다는 것이다.

하지만 과연 흡연 문제를 경제적인 비용 편익 계산에만 의지해 사회적으로 중요한 함의를 지니는 결론을 도출하는 것이 타당한지는 여전히 의문이다. 일찍이 케인스^{J. M. Keynes}는 우리가 왜 경제 성장을 추구해야 하며, 경제학은 어떤 학문이 되어야 하고, 우리 삶의 궁극적 목표는 무엇인지를 끊임없이 묻고 생각한 바를 자신의 경제학과 연결시켰다. 우리에게 진실로 필요한 경제학은 철학이 담긴, 인간적인 경제학이 아닐까?

21

꽃향기의 비밀: 꿀벌들은
다 어디로 갔을까

최근 환경 오염과 미세먼지, 살충제 남용, 지구 온난화 등의 기후 변화로 주변에서 나비나 잠자리·꿀벌 등 예전엔 흔하던 곤충들을 보기가 아주 어려워졌다.

미국 버지니아 대학 연구팀은 배기가스 등 대기오염 물질이 꽃향기가 널리 퍼지는 것을 막아 결과적으로 꽃의 꿀을 양분으로 모으는 벌들까지 대규모 폐사 위기에 처했다고 발표했다. 이 연구에 의하면 꽃향기의 분자는 오염이 적은 환경에선 1000~1200미터를 이동하는데, 오늘날엔 향기 분자의 이동 거리가 200~300미터 정도에 불과하다고 한다. 또 꽃향기 분자가 차량 배기가스에서 나오는 오존이나 질산염 등과 쉽게 결합해 화학적 변화를 일으킴으로써 꽃향기가 아닌 다른 물질로 변한다는 연구 결과를 내놓았다.

꽃향기의 이동 거리가 줄어들면 식물의 수분受粉 작용을 도와 식물 생태계를 지탱하는 벌이 위협을 받고, 벌의 감소는 다시 나무의 번성을 위협하는 악순환이 일어난다는 것이다. 요컨대 벌의 개체수 감소가 궁극적으로 지구 생태계의 존립 자체를 위협할 수도 있다는 얘기다.

경제 이론에서 이른바 긍정적 외부 효과positive externalities를 설명하는 데 가장 좋은 예로 드는 것이 바로 양봉업자와 과수원 간의 관계다. 과수원에서 나무를 많이 심으면 이웃의 양봉업자가 기르는 꿀벌의 벌꿀 생산량이 늘어나고, 벌의 활동이 증가하면 과수원의 수확량도 늘어난다. 즉, 상호 간의 윈-윈 게임이다. 그런데 이러한 긍정적인 선순환 구조가 대기오염과 기후 변화 때문에 깨진 것이다.

미국에선 2006년부터 이미 빈 벌집이 대량 발견되고 있어 양봉업계 관계자들은 미국 내 꿀벌의 약 25퍼센트가 죽은 것으로 추정한다. 독일에서도 꿀벌이 평균 25퍼센트 정도 줄었다고 하며, 영국·스페인·포르투갈 등 유럽과 남미의 브라질에서도 최근 벌이 폐사하는 사건이 속출하고 있다. 미국 나사NASA의 온라인 '어스 업저버토리Earth observatory' 역시 자동차와 중공업이 등장하기 이전에 비해 오늘날에는 꽃향기가 90퍼센트 정도 감소했다고 하니 산업화 과정이 자연환경을 얼마나 파괴하고 있는지 단적으로 보여주는 사례라고 하겠다.

22 | '타다'와 '우버':
공유 경제와 창조적 파괴

우리나라에서 택시 서비스를 대체해오던 '타다'가 결국 금지되는 운명을 맞았다. 외국에서는 이미 도입해 선풍적 인기를 끄는 공유 택시 서비스 '우버'를 들여오려다 택시업계의 강력한 반발에 부딪혀 좌절된 바 있는데, 그 토종 대체 서비스인 '타다'가 급속한 성장세를 보이자 결국 소송 끝에 불법이 된 것이다.

2010년 미국에서 차량 공유 서비스를 시작한 우버는 현재 세계 곳곳의 300개 넘는 도시에 진출했다. 새로운 패러다임인 '공유 경제'를 기반으로 한 우버는 지금까지는 각국에서 택시업계와의 마찰에도 불구하고 폭발적 성장세를 이어가고 있다. 전 세계 택시업계는 우버의 활동을 제한하기 위해 파업과 시위를 계속하고 있다. 한국에는 결국 상륙하지 못했지만, 뉴욕과 멕시코시티에서는 우버의 영업 차량 대수를 제한하는 방법으로 절충안을 내놓아 택시와 공존하고 있다. 변화를 무조건적으로 수용하거나 혹은 규제하지 않고 기존 택시 서비스와의 조화를 선택한 것이다. 우리로서는 눈여겨보아야 할 대목이다.

공유 경제란 사용하고 있지 않은 유휴 자원을 필요로 하는 사람에게 제공해 가치를 창출한다는 새로운 아이디어에서 나온 것이다. 집과 자동차는 물론 아이디어나 노동력 등 무형적인 영역까지 공유를 통한 가치의 재생산이 가능하다. 자신의 소유 차량이 없어도 언제든 필요할 때면 차를 타고 목적지로 갈 수 있고, 처음 방문하는 여행지에서도 마음껏 지낼 공간을 마련할 수 있는 것이 공유 경제가 만들어낸 세상이다.

이제까지 우리는 물건을 직접 구매해 소유한 상태로 소비하며 살아왔다. 하지만 공유 경제가 확산하면서 소유의 시대는 끝나고 필요성과 효율성을 중시하는 새로운 소비 형태가 자리를 잡아가고 있는 것이다.

우버가 생각하는 혁신 중 하나는 공유 서비스를 통해 차량의 수를 줄이는 것이다. 가령 우버 택시 한 대가 하루 동안 30명을 실어 나를 수 있다면 30명이 자동차 30대를 소유하는 대신 30명이 쓸 수 있는 차 한 대만 있으면 되기 때문이다. 이렇게 하면 교통 분야의 가장 큰 문제인 교통 체증과 주차난도 어느 정도 해결할 수 있다.

또한 우버는 사람만 나르는 교통수단뿐 아니라 물건이나 음식까지 실어 나르는 운송 플랫폼으로 변신해 이삿짐 운반, 도시락 배달, 택배 등으로 사업 영역을 확장하고 있다. 우버가 무인 자동차에 큰 관심을 보이는 것도 운송 혁명에서 무인 자동차가 큰 역할을 할 것이라 기대하기 때문이다. 인공 지능 기술이 빠르게 발달함에 따라 인공 지능을 적용한 무인 자동차 시대도 곧 현실화할 것이다.

우버의 이러한 시도는 본질적으로 '창조적 파괴'의 성격을 지닌다. 신기술과 새로운 서비스로 기존 시장을 파괴하고 있는 것이다. 사실 미래를 주도할 것으로 기대되는 기업은 모두 '창조적 파괴자'라는 공통점을 갖고 있다. 오프라인 서점을 대신해 등장한 아마존, 피처폰을 구식으로 만들며 스마트폰 시장을 개척한 애플, 전기 자동차의 대중화를 앞당긴 테슬라, 빈방을 중개하며 기존 호텔업계를 위협하는 에어비앤비 등이 창조적 파괴자의 대표적 사례다.

우버가 불씨를 지핀 공유 경제의 전 세계적 확산으로, 이런 현상을 가리키는 '우버피케이션Uberfication'이라는 신조어가 생겨나기도 했다. 승객과 차량을 스마트폰 애플리케이션으로 이어준 우버의 창업자는 우버가 마법 같은 일을 하고 있다고 말한다. 세상에 감동과 영감을 주는 일을 하되 누구나 쉽게 할 수 없는 일을 해야 성공할 수 있다는 것이다.

23

몽골 유목민과 글로벌 경제 위기

글로벌 경제 위기가 닥칠 때 전 세계적으로 어떤 후유증이 생기는지 보여주는 단적인 사례가 있다. 그것은 바로 몽골 유목민에게 닥친 불황의 그림자다. 세계 금융 위기의 후유증이 몽골 유목민의 삶까지 위협하고 있다. 몽골 인구의 4분의 1에 달하는 유목민 상당수가 은행 빚을 갚지 못해 기르던 가축과 천막집을 압류당하게 된 것이다.

몽골 유목민은 금융 위기 이후 그들이 기르던 염소와 양을 모두 은행에 차압당했는데, 가축을 담보로 은행 대출을 받은 것이 화근이었다. 호황 속에 치솟던 캐시미어(캐시미어 염소의 털) 가격이 세계 수요 위축으로 40퍼센트 가까이 폭락하자, 월 2~3퍼센트인 대출 이자를 갚지 못하게 됐기 때문이다. 빚을 갚지 못하자 은행은 천막집마저 압류했다.

몽골 유목민이 이런 곤경에 빠진 경위는 미국 '서브프라임 모기지(비우량 주택 담보 대출)'의 부실화 과정과 유사하다. 2007년까지 세계 경제가 호황을 누리면서 고급 의류 소재인 캐시미어의 수요는 폭발했다. 가파르게 오르는 캐시미어 가격에 고무된 유목민은 기르던 가축을 담보로 은행 대출을 받아 가축 수를 늘리거나 오토바이 같은 고가 물품을 마구 사들였다. 은행도 대출 경쟁을 벌이면서 위험엔 신경 쓰지 않았다.

그런데 '캐시미어 거품'이 꺼지자 상황은 정반대로 바뀌었다. 캐시미어 가격이 폭락하자 은행들은 대출금을 회수하기 위해 담보로 잡은 가축들을 앞다퉈 처분했고, 압류된 가축이 시장에 쏟아지자 가축 가격도 폭락했다. 은행 빚을 갚지 못해 가축과 터전을 잃은 유목민은 광산, 식당, 건설 현장 등을 떠돌며 일자리를 찾았지만 경기 침체로 인해 이마저도 어려운 실정에 처했다.

24

영국 걸인과
프랑스 걸인의 수입

　영국 걸인들은 주말 하루 저녁에만 최고 200파운드를 챙길 수 있는 것으로 나타났다. 만약 매일 이 정도 금액을 벌 경우 연간 수입이 7만 3000파운드, 한화로 약 1억 5000만 원에 달한다. 그래서인지 영국에선 낮에는 직장에 다니고 밤에는 거리에서 구걸에 나서는 '전문 걸인'이 늘고 있다고 한다.

　<데일리텔레그래프> 리포터의 밀착 취재에 따르면 한 여성 '전문 걸인'은 평일 오전 9시부터 오후 5시까지 직장에서 근무한 뒤, 허름한 옷으로 갈아입고 구걸에 나서는데, 이렇게 구걸한 돈으로 자신의 아파트 주방을 새로 꾸민다고 했다.

　영국 경찰은 경기가 불황일수록 이 같은 전문 걸인이 늘어난다

고 보고했다. 실제 경찰이 체포한 걸인 가운데 집 없는 사람은 한 명도 없었다. 영국에서 구걸은 세금을 한 푼도 내지 않는, 불황을 모르는 직종이다.

반면, 프랑스의 걸인은 영국 걸인보다 부지런한 것 같다. 필자가 파리에 체류하면서 관찰한 바에 따르면, 파리의 걸인들은 일찍 일(?)을 시작한다. 동냥도 사실상 그들에게는 노동이다. 돈을 벌기 위해 작업을 하는 셈이니까. 이들이 부지런한 이유는 다름 아니라 프랑스에서는 빵가게 boulangerie 가 아침 일찍 문을 열기 때문이다. 사람들은 대부분 아침에 따끈따끈한 빵을 사러 온다. 따라서 잔돈푼이라도 받기 위해서는 걸인 역시 일찍 빵가게 앞에 진을 치고 앉아 있어야 하는 것이다. 그리고 빵가게가 오전 영업을 마칠 때쯤 이들 역시 오전 노동을 끝내고 퇴근(?)한다.

"일찍 일어나는 새가 벌레를 잡는다"는 서양 격언이 있다. 이 말이 프랑스 걸인의 노동에도 그대로 적용되는 셈이다.

25 | 길거리 연주의 경제적 가치: 사람들은 거리의 악사와 죠수아 벨을 구별할 수 있을까

유럽을 다녀보면 유난히 광장 같은 곳에서 길거리 연주가 많다. 무명 악사들이 잘 알려진 연주나 노래로 지나가는 사람들의 발길을 끈다.

미국이 낳은 세계적인 바이올리니스트 죠수아 벨Joshua Bell이 흥미로운 실험을 했다. 거리의 악사로 분장해 지하철에서 연주를 해본 것이다. 자신은 워싱턴 케네디센터에서 연주하면 전석이 매진될 만큼 유명한 바이올리니스트인데, 지하철에서 무료로 연주한다면 사람들이 과연 어떤 반응을 보일지 궁금했다.

죠슈아 벨은 워싱턴 랑팡 지하철의 출근길 시민들 앞에서 '거리의 악사'로 변장해 45분간 연주하고 32달러를 벌었다. 이 사실은 <워싱턴포스트> 선데이 매거진에 커버스토리로 실렸다.

현실은 분명했다. 사람들은 그가 세계적 바이올리니스트 죠수아 벨이라는 사실을 아무도 알아보지 못했다. 그저 잠시 관심을 보이거나 심드렁하게 바쁜 걸음을 옮기는 사람들이 대부분이었다. 하지만 그의 신분을 분명히 알리고 연주를 시작했다면 아마 전혀 다른 풍경이 연출되었을 것이다.

바이올리니스트 타스민 리틀Tasmin Little도 런던 워털루역에서 길거리 깜짝 공연을 했는데 약 1000명의 행인 가운데 8명이 발걸음을 멈췄고, 14파운드 10실링, 한화로 약 2만 5000원을 벌었다고 한다.

한국의 한 중견 바이올리니스트 역시 이런 실험을 서울에서 해보기로 했다. 그리고 아침 출근 시간에 지하철 2호선 강남역에서 45분간 바이올린을 연주해 1만 6900원을 벌었다. 청바지와 셔츠 차림의 그는 파가니니의 '바이올린 소나타 제12번'을 시작으로 엘가의 '사랑의 인사', 사라사테의 '로만사 안달루사', 마스네의 '타이스의 명상곡', 바흐의 '무반주 소나타 제1번' 등을 연주했다. 이날 사용한 바이올린은 1717년산 스트라디바리우스 '엑스 알반 베르크'(시가 약 70억 원). 알반 베르크 4중주단 멤버가 쓰던 것이어서 붙은 이름이다.

사람들은 이처럼 세계적 연주가의 품격을 이름 모를 거리 악사의 연주와 구별할 수 있는 음악적 감수성이 없을지도 모른다. 그것이 현실이다. 마치 값비싼 보르도 명품 와인과 싸구려 와인의 맛을 잘 구별하지 못하는 것처럼······.

26 이스털린의 역설: 돈으로 행복을 살 수 있을까

돈으로 행복을 살 수 있을까? 1974년 미국 펜실베이니아 대학의 경제학자 리처드 이스털린Richard Easterlin 교수는 행복과 소득의 상관관계를 분석했다. 당시 이스털린 교수는 제2차 세계대전 후 급속한 경제 발전을 이룬 일본에서 삶에 대한 만족도가 더 낮아졌다는 조사 결과를 보고 이를 뒷받침하는 심층 분석을 시도했다.

전 세계 30개국의 행복도를 조사해 그 나라의 1인당 국민총생산GNP과 비교했더니 특별한 관련성을 찾을 수 없었다. 나라와 나라 간 경제 수준 차이는 개인의 행복지수에 아무런 영향을 미치지 않는 것으로 나타났다. 재미있는 사실은 가난한 나라의 사람이 부자 나라 사람들보다 절대 덜 행복한 게 아니라는 것, 또 가난한 나라가 부자 나라가 되었다고 해서 그만큼 사람들이 행복해지는 것도 아니라는 점이다.

이런 연구 결과를 토대로 이스털린은 "경제 성장만으로는 국민이 더 행복해지지 않는다"는 이른바 이스털린의 역설^{Easterlin paradox}을 주장했다. 이 '패러독스'는 물질에 대한 인간의 필요욕은 그 주위 환경에 의해 결정되며 잘사는 나라 사람보다 못사는 나라 사람들의 물욕이 낮기 때문에 가능하다. 가설은 행복은 상대적으로 결정되며 물질적 풍요만으로는 행복할 수 없다는 주장에 힘을 실어주었고, 이후 '인간의 행복은 돈으로 살 수 없는 것'이라는 근거로 많이 인용되었다.

그러나 2008년 보다 광범위한 국가 간 행복도 조사 연구를 수행한 펜실베이니아 대학 워튼 스쿨의 벳시 스티븐슨^{Betsey Stevenson}과 저스틴 월퍼스^{Justin Wolfers} 교수는 근본적 명제인 "돈으로 행복을 살 수 있을까?"에 대해 "그렇다"는 결과를 발표했다. 이들은 세계 각국의 '구매력 기준 1인당 GNP'와 '삶에 대한 만족도'를 비교했다. 그에 따르면 "돈 많은 나라 국민이 더 행복하고, 그중에서도 돈을 많이 버는 사람일수록 더 행복하다"고 한다. 미국·노르웨이·뉴질랜드 등 소득 수준이 높은 나라의 국민은 삶에 대한 만족도도 대체로 높았다. 하지만 아프가니스탄·에티오피아 등 가난한 나라는 국민의 만족도도 낮게 나타났다. 이는 기존의 통념이나 조사 결과와는 상반된 것이었다. 이전의 조사 결과에서는 대개 남태평양의 섬나라 바누아투, 히말라야의 소국小國 부탄 같은 나라가 각종 행복지수 조사에서 상위권을 차지했고, 따라서 "기본적 생활만 충족되면 행복은 소득과 비례하지 않는다"는 결론을 도출했다.

스티븐슨과 월퍼스는 또 한 나라 안에서도 돈 많은 사람이 그렇지 않은 사람보다 더 행복하다고 주장했다. 한 예로 미국의 경우 연간 가구 소득이 25만 달러를 넘는 사람의 90퍼센트가 자신의 삶에 매우 만족해했지만 연소득 3만 달러 미만의 사람 중에선 42퍼센트만이 그러했다.

이들의 주장은 사회과학의 고전이 된 '이스털린의 역설'에 대한 정면 도전이었다. 즉, 행복도와 소득 수준은 비례한다고 결론 내렸다. 특히 이들은 이스털린이 소득 변수에 대한 로그logarithm 분석을 하지 않고 행복도와 1인당 GNP의 절댓값을 단순 비교하는 오류를 범했다고 지적했다. 로그 분석이 중요한 이유는 똑같은 1달러를 더 벌더라도 대기업 임원과 최저 임금을 받는 근로자에게는 그 의미가 서로 다르기 때문이다. 요컨대 이들의 결론은 소득과 행복은 불가분의 관계가 있다는 것이었다.

이에 대해 이스털린 교수는 부자 나라 국민이 만족도가 더 높은 경향을 보이는 것은 소득 외에 문화·의료 등 여러 조건을 반영한 결과라며, 장기간에 걸친 꾸준한 경제 성장에도 같은 기간에 국민의 행복 수준이 그리 나아지지 않은 미국과 중국 등의 사례로 볼 때 소득만이 행복의 절대 기준은 될 수 없다고 반박했다. 앞으로 행복과 인간 심리에 관해 광범위한 심층 연구가 필요하다고 하겠다.

27   '디마케팅':
신비주의 전략

   뉴욕의 좋은 레스토랑, 나이트클럽 등엔 종종 주소만 붙어 있
다. 상호를 쉽게 찾기 힘들다. 특이한 경험을 폐쇄적으로 공유하
려는 뉴요커들의 히든 코드다. 아는 사람만 오라는 식이다. 개방
적인 것 같지만 자기들끼리만의 폐쇄성도 추구한다. 이른바 디마
케팅demarketing이라는 신비주의 마케팅이 경기 침체를 헤쳐 나가는
뉴욕에서 하나의 트렌드로 자리 잡고 있다.

   이런 신비주의 마케팅을 추구하는 클럽이나 바는 회원만 입장
할 수 있으며, 회원도 반드시 예약을 해야 한다. 또한 회원이 되려
면 연회비와 등록비를 합쳐 상당한 비용을 내야 하며 멤버의 추
천도 필요하다. 웹사이트에 공개된 전화번호는 수시로 바뀌며,

회원이나 뉴욕의 밤 문화에 익숙한 사람들만이 공유한다. 주변에 사는 주민조차 그런 업소가 있는지 모른다. 일부 뉴요커들 사이에선 대형 쓰레기 저장 용기를 풀로 개조해 주말에 자기들끼리만 수영하고 바비큐 파티를 여는 모임도 생겼다.

<뉴욕타임스>에 따르면 기업들도 이런 뉴요커의 폐쇄성을 이용해 게릴라처럼 몰래 가게를 열었다가 금세 닫는 팝업 스토어를 뉴욕에서 실험한다. 스포츠용품 제조사 아디다스는 뉴욕 차이나타운 뒷골목에 아무 광고 없이 팝업 스토어를 두 달간 열었는데, 디자인 스쿨 학생들이 소문을 듣고 찾아와 최신 제품을 구입했다고 한다.

이러한 디마케팅 트렌드는 이른바 '팔지 않는 전략으로 오히려 판매를 늘리는 전략selling without selling strategy'과도 일맥상통한다. 소비시장이 성숙한 곳에선 소수만 누릴 수 있는 경험과 서비스를 중시해 신비주의 마케팅이 먹힌다는 것이다.

28 여성은 왜 남성보다 종교에 몰입하는가

"공짜 점심은 없다"는 금언은 사회 전반에 걸쳐 적용되는 경제학의 보편적 원칙이다. 인간의 모든 사회적 행위는 비용을 수반한다. 따라서 가격은 시장뿐만 아니라 모든 곳에 존재한다. 심지어 종교, 사랑, 양심에 이르기까지 모든 대상과 현상에 적용된다.

전통적으로 가장 반反시장적이라고 여겨지는 종교와 신앙의 문제를 생각해보자. 보통 여성이 남성보다 더 종교적인 경우가 많다. 일반적으로 여자가 많이 그리고 자주 교회나 절을 찾으며, 종교 생활에 더 열심이고 더 독실하다. 왜 그럴까?

이는 기회 비용opportunity costs과 유보 임금reservation wages으로 설명할 수 있다. (유보 임금이란 노동 시장에 참여할 유인이 생기게 할 만한 임금을 말한다.)

여성의 경우, 특히 취업을 하지 않은 경우 종교에 투입하는 시간과 노력을 다른 데 들인다고 해서 얻는 이득이 남성에 비해 그리 크지 않다. 남자가 종교 생활에 시간을 투자한다면 여기서 얻는 이득, 가령 마음의 평화 같은 정신적 행복도의 증가가 시장에서 그 시간 동안 벌어들이는 금전적 이득으로부터 얻는 만족감을 능가해야 한다. 그런데 그 기준인 유보 임금이 남성의 경우 여성보다 높기 때문에 쉽사리 직장 생활에 투입하는 시간과 노력을 종교 활동으로 돌리는 게 용이하지 않은 것이다.

또 일반적으로 교육 수준이 높은 층은 온건한 종교를, 낮은 층은 더욱 엄격한 종교를 선택하는 경향을 관찰할 수 있는데, 이 역시 경제 이론의 관점에서는 합리적 선택의 결과다. 세속적인 세계에서 많은 기회를 갖고 있는 사람, 즉 높은 임금을 받아 시간에 대한 기회 비용이 큰 사람은 엄격한 도덕적 규율을 지키다 보면 잃을 게 많기 때문에 일상생활에서 제약 조건이 덜한 신앙을 선택하는 것이다.

이와 대조적으로 교육 수준이 낮은 사람은 종교 외에 다른 곳에 종사할 기회가 적고, 이에 따른 기회 비용도 크지 않기 때문에 자신의 시간과 에너지를 종교 생활에 적극적으로 쏟게 된다.

29 | 인간의 불황, 신의 호황

우리나라에서는 코로나19 사태 이후 신천지 같은 종교 집단에 대해 관심을 넘어서 적대감이 증폭되었다. 그러나 한편으론 사회적 혹은 경제적 위기 상황이 도래했을 때 종교의 힘으로 안식을 찾으려는 경향은 높아진다.

2008년 미국의 금융 위기 이후를 보더라도 경기 침체로 신음하는 미국인이 복음주의 기독교 교회로 몰려들었다고 한다. 예를 들어, 뉴욕주의 한 교회는 늘어난 신규 교인을 수용하기 위해 접는 의자를 늘리고 TV 모니터를 설치한 소小예배실을 마련해야 했다. 또한 교회마다 기도 요청이 평소보다 대폭 늘어났는데, 대개 일자리를 유지하거나 얻게 해달라는 내용이었다.

교회에서는 사회적으로 불안하고 경제적으로 침체된 상황에 맞게 설교 제목도 '불안한 시대의 신앙'처럼 붙여 교인들에게 실용적 조언을 주려 한다. 또한 사람들은 질병의 고통이나 실업의 좌절감 같은 어려움을 겪으면서 신과 좀 더 밀접한 관계를 맺고자 애쓴다.

경제가 어려울 때 종교에 귀의하는 사람이 늘어나는 건 일반적으로 받아들여지는 현상이다. 실제로 한 연구에 따르면, 1968~2004년 경기 침체기마다 복음주의 기독교 교회는 교인이 50퍼센트씩 증가했다. 하지만 공황이나 코로나19 팬데믹으로 인한 급격한 경기 침체가 종교계 전체에 호재로 작용하는 건 아니다. 상당수 가톨릭 성당, 일반 개신교 교회는 오히려 어려움에 처할 것이다. 독실한 신자들이 실업·파산 등의 이유로 기부금을 줄이거나 헌금을 내지 못하는 처지로 전락하는 경우가 많아지기 때문이다. 아울러 저소득층이나 극빈 계층 사람들은 더욱 늘어나고, 이들이 자선을 호소해 종교계는 이중의 어려움을 겪을 것이다.

30 | 7만 5000달러의 비밀: 행복의 포화점은 존재하는가

얼마나 돈이 많아야 행복할까? 돈을 많이 벌수록 더 행복해질까? 이 질문은 경제학이나 심리학 그리고 최근 각광받고 있는 행복학 연구에서 핵심적인 질문이다.

프린스턴 대학의 노벨경제학상 수상자 대니얼 카너먼^{Daniel Kahneman} 교수와 앵거스 디턴^{Angus Deaton} 교수는 갤럽이 2008~2009년 실시한 미국인 45만 명에 대한 설문 조사를 분석해 그 결과를 미국 국립과학아카데미 회보에 발표한 바 있다. 이 연구는 돈과 행복의 상관관계에 대해 대단히 흥미로운 결과를 제시하는데, 미국인의 경우 연간 소득 7만 5000달러까지는 소득이 늘어날수록 매일의 행복감이 커지지만 그 이상은 행복감에 큰 차이가 없다는 결론을 내놓았다. 즉, 행복감은 연봉 7만 5000달러에서 멈춘다는 것이다.

이들의 분석에 따르면, 중산층 이하 계층은 소득이 늘어남에 따라 매일 느끼는 행복한 기분도 커지는 것으로 나타났다. 예를 들어 연소득 1만 2000달러 이하인 응답자 중 51퍼센트가 낮은 소득 때문에 슬프거나 스트레스를 느낀다고 답했지만, 연소득 3만 6000달러 이상인 응답자 중에서는 24퍼센트만이 똑같은 답을 했다.

하지만 이처럼 행복감을 크게 만드는 효과는 소득이 연간 7만 5000달러가 되면 더 이상 나타나지 않는다. 가령, 연봉 10만 달러를 받는 사람이 20만 달러 자리로 옮길 경우 더 큰 성취감을 얻을 수는 있지만 반드시 매일매일 더 행복하다고 느끼는 것은 아니다.

호주와 영국에서 2000년대 중반에 실시한 조사도 이와 크게 다르지 않다. 호주에서는 연봉 5만 5000~8만 5000달러를 받는 국민이 가장 행복한 것으로 나타났으며, 영국에서도 8만 파운드 정도의 소득을 버는 계층이 가장 행복도가 높은 것으로 드러났다.

그러면 왜 7만 5000달러인가? 연구는 이 소득 수준이 행복의 '경계선'인지는 밝히지 않았다. 다만 카너먼 교수와 디턴 교수는 소득이 일정 수준을 넘을 경우 소득이 더 늘어나도 친구들과 시간을 보낸다거나 건강을 가꾼다거나 하는 의미 있는 행위를 하는 데 별로 영향을 주지 않을 것이라고 설명한다. 이렇게 보면 개인적 차원에서는 소득의 어느 수준에서 포화점이 존재할 수 있다고 여겨진다. 그 이유는 소득이 증가함에 따라 늘어나는 행복에도 역시 '한계효용체감의 법칙'이 적용되기 때문이다.

포화점이란 소득이 일정 수준 이상일 때 돈에 의한 한계효용이 영(0)이 되거나 심지어 마이너스가 되기 때문에 일어나는 현상이다. 즉, 주류 경제학에서 전제하듯 인간의 행복도는 무한히 증가하지 않고 어떤 소득 구간에서 포화점이 존재한다는 것이다.

이 연구 결과를 토대로 디턴 교수와 카너먼 교수 역시 일정 수준 이상으로 돈이 많아지면 오히려 작은 즐거움을 즐기는 여유가 줄어드는 등의 부정적 효과가 나타날 수 있다고 보았다. 반면 연소득 7만 5000달러 미만에서는 불행한 일을 겪을 경우 부정적 영향이 훨씬 더 크게 작용한다. 가난한 사람에게 이혼이나 질병 등이 행복에 미치는 영향은 더 심각하며, 주말이 가져다주는 기쁨도 더 작다.

이와 관련해 미국 신용카드 지급 결제 회사인 그래비티 페이먼츠Gravity Payments의 설립자이자 CEO 댄 프라이스Dan Price는 직원들의 행복을 위해 전 직원의 최저 연봉을 7만 달러로 정해 화제를 불러일으켰다. 프라이스가 소득과 행복의 상관관계를 다룬 한 연구 논문을 읽은 게 파격적인 연봉 인상의 배경이 됐다. 금전적 행복의 기준이 7만 5000달러이니 이에 상응하는 액수로 직원 모두를 행복하게 만들겠다는 취지였다.

이 회사 직원들은 평균 연봉이 4만 8000달러였는데, 이러한 결정에 따라 120명의 직원 가운데 약 70명의 임금이 올랐다. 그중 30명은 연봉이 단숨에 거의 2배로 늘어났다. 프라이스는 직원들의 연봉 인상을 위해 100만 달러에 달하는 자신의 연봉을 7만 달러로 줄이고, 기업 순이익 220만 달러 중 75~80퍼센트를 사용하기로 했다.

오늘날 미국에서는 빈부 격차가 최대의 화두로 떠올랐다. 미국 기업 CEO와 노동자들의 평균 임금은 300배나 차이 난다. 19세 때인 2004년 시애틀에서 스타트업 기업 그래비티 페이먼츠를 창립한 프라이스는 불평등 문제를 해결하기 위해 무언가를 하고 싶었다고 한다.

3부

자녀는 사치재인가

31 | 12세 이전에 '좋은 동네'로 이사한 아이의 소득이 더 높다

치맛바람을 얘기할 때 빠지지 않고 인용되는 고사는 바로 맹자 어머니의 일화다. 맹자의 어머니가 어린 맹자를 위해 환경이 좋은, 요샛말로 하면 학군이 좋은 동네로 세 번씩이나 이사했다는 이 고사는 부정적인 면보다는 치맛바람의 긍정적인 면을 강조하고 있다.

그런데 이 맹모삼천지교孟母三遷之敎 이야기는 동서고금을 막론하고 통용되는 것 같다. 미국 주택도시개발부가 1994~1998년 동안 5개 주요 도시의 극빈층 4600가구를 대상으로 실시한 조사에 의하면 대다수가 가난에서 벗어나고 자녀를 제대로 교육시키려면 좋은 동네로 이사하는 게 큰 도움이 된다고 생각했다. '맹모삼천지교' 효과가 미국에서도 실제로 있다는 반증이다. 당시 미국 정부는 주거 환경이 더 나은 지역으로 이주할 때 생활비를 보조해주는 정책을 실시했는데, 그 결과 12세 이전에 이사한 아이가 성년이 되어서 얻는 소득은 이사하지 않은 경우보다 31퍼센트 더 많았다.

이는 조사 대상을 넓혀 분석한 연구의 결론과도 다르지 않았다. 1996~2012년 사이 주소를 옮긴 500만 가구를 추적 조사한 하버드 대학 연구팀에 의하면 맹모삼천지교 효과는 비단 경제적 효과에만 국한되지 않았다. 좋은 동네로 이사한 경우 대학 진학률이 높아지고, 10대에 미혼 부모가 될 확률은 낮아졌다. 양질의 공립 학교와 성숙한 공동체 문화 등 좋은 환경이 아이들을 성공으로 이끈다는 것이다.

'이웃 효과'는 어릴 때 이사할수록 컸다. 하지만 9세 이후부터는 그 효과가 감소해 23세가 넘으면 제로 또는 마이너스를 기록했다. 또 성별로도 차이가 났다. 환경이 열악한 동네에 사는 남자아이가 성년이 되어 버는 소득은 그 반대의 경우보다 35퍼센트 낮았다. (여자아이는 25퍼센트 정도 적었다.)

이러한 연구는 사회적 이동성이 둔화하거나 약화하면 저소득층의 형편이 나아지지 않고 다음 세대까지 그 영향이 지속되거나 고착화한다는 심각한 우려를 새삼 일깨운다.

32 | 봄은 여자를
들뜨게 만든다?

봄이 되면 여자가 남자보다 들뜨고 바람나기 쉽다는 속설이 있다. 추운 겨울이 지나 꽃 피고 따뜻한 봄철이 되면 여자의 마음이 싱숭생숭해진다는 얘기다. 그만큼 봄철은 남자들 입장에서 연애하기 좋은 계절인 셈이다. 여자는 봄날에 어디론가 떠나고 싶은 유혹을 더 많이 받는지도 모른다.

한 결혼 정보 회사가 이를 뒷받침할 만한 통계를 내놓은 적이 있다. 이 설문 조사에 의하면 남성은 한 해의 계획을 세우는 연초에 결혼 준비를 서두르는 반면, 여성은 봄철에 결혼의 단꿈을 꾼다. 그 결혼 정보 회사에 회원으로 등록한 남녀 1만 94명(남자 5219명, 여자 4875명)을 대상으로 2년간 월별 회원 가입 비율을 분석한 결과 1월 가입 회원 774명 중 남성이 74퍼센트로 여성 26퍼센트보다 월등히 많았다. 2월에도 남성이 68.3퍼센트로 여성 31.7퍼센트를 압도했다. 하지만 따뜻한 봄바람이 부는 3월에는 가입 회원 1263명 중 여성이 67.3퍼센트로 남성 32.7퍼센트를 크게 웃돌았다. 4월에도 여성이 6대 4 정도로 남성 회원보다 많았다.

그리고 여름에는 남녀 간 회원 가입 비율이 비슷했지만 9~10월에는 남성이 여성보다 20~30퍼센트포인트 높게 나왔다. 이를 보면 가을에는 남자가 로맨틱해지는 게 맞는 듯하다.

33 | 결혼은 미친 짓인가, 합리적 선택인가

<결혼은 미친 짓이다>라는 영화가 있다. 처음엔 '제목이 미친 거 아냐'라는 생각을 했었는데, 요즘은 왠지 고개가 끄덕여지기도 한다. 한 국책연구원의 미혼 남녀 결혼관에 대한 실태 조사에 의하면 '결혼은 필요하다'는 긍정적 답변이 남성은 50.5퍼센트로 겨우 절반을 넘은 반면, 여성의 경우는 10명 중 3명에도 못 미치는 28.8퍼센트로 나타났다. 한편 이혼율은 1980년 5.9퍼센트, 1990년 11.4퍼센트로 OECD 평균의 5분의 1 수준에서 현재는 OECD 회원국 중 상위를 달리고 있다.

과연 결혼을 해야 할까? 시카고 대학의 게리 베커^{Gary Becker} 교수는 연구 영역이 남다른 독특한 학문 세계를 가지고 있는데 가족,

결혼과 이혼, 민주주의, 인종, 성, 차별, 교육 투자 등 경제학의 대상으로 취급하지 않던 분야에 대한 연구로 노벨경제학상을 수상했다. 이 때문에 '경제학 제국주의economics imperialism'의 표본이라는 비판을 들을 정도다. 그러나 사회 현상에 대한 그의 경제학적 설명은 많은 지지를 받고 있으며, 특히 그의 '신가족경제학new family economics'은 가족에 대한 독창적 연구로 인정받는다.

베커 교수는 결혼을 하나의 '시장'이라고 가정한다. 결혼과 이혼 문제를 비용과 편익이라는 경제학적 시각에서 해석하는 것이다. 요컨대 사람들은 결혼이 주는 편익과 비용을 계산해 결혼 여부를 선택한다. 이혼도 마찬가지다. 이혼은 이혼이 주는 편익 증가나 비용 감소의 결과라는 얘기다.

공리주의적utilitarian 관점에서 보면 결혼 생활로부터 얻는 효용utility 수준이 혼자 생활할 때 얻는 효용보다 클 경우 그(혹은 그녀)는 결혼을 선택하려 할 테고, 그 반대의 경우는 독신주의자가 될 것이다. 그런데 문제는 독신 생활에서 얻는 만족감과 달리 결혼 생활로부터 얻는 만족감은 결혼 여부를 결정할 때 알 수 있는 게 아니라 결혼 후의 직접적 경험을 통해 알게 된다는 데 있다. 결혼 생활로부터 얻는 효용 수준은 미래에 대한 기대치expected value일 뿐이기 때문이다.

과거 한국 여성은 엄격한 가부장적 전통 사회에서 남성의 경제력에 종속되어 있었다. 그러면서 남편에 대한 내조, 자녀 양육, 시부모 부양 등의 의무를 져야만 했다. 이런 상황에서 만약 여성이 이혼을 하면 각종 의무에서 해방되는 편익이 있을 수 있으나 생활을 유지하는 데 필요한 경제력을 상실한다. 이혼은 그만큼 비싼 행위였다.

그러나 여성의 교육과 소득 수준이 높아지고 사회 진출이 증가함에 따라 여성의 경제적 지위 또한 향상되었다. 가족생활을 포기함으로써 지불해야 하는 비용이 여성의 경제력 향상으로 인해 현격히 감소한 것이다. 이혼에 따른 비용 감소는 결국 이혼율의 증가를 수반한다.

이런 금언이 있다. "남자는 오직 한 가지 목적으로 모든 여자를 추구하지만, 여자는 모든 목적을 위해서 오직 한 남자를 추구한다." 그렇기 때문에 남자와 여자는 결혼이라는 게임을 하면서 택하는 지배적 행동 전략dominant strategy이 다르다. 진화론적으로 볼 때, 남자는 종족의 번성을 위해 가급적 여러 여자와 관계를 맺으려 하지만, 여자는 정반대로 자기 자손의 안정적인 양육을 위해 한 가정을 지키려 한다.

남녀 간 목적이 이처럼 상호 배반적이기 때문에 이러한 차이는 결혼을 비극적으로 만드는 이유가 되기도 한다. 경제 성장 이론 중에 '칼날 위의 균형equilibrium on the edge'이라는 불안정한 상태가 있는데, 결혼 생활을 잘 영위하는 일은 이 칼날 위의 균형을 유지하는 것과 같다고 하겠다. 언제 깨질지 모르는 살얼음판을 걷는 위험성이 도사리고 있는 것이다.

34

자녀는
사치재인가

자녀는 경제학적으로 보면 낳아서 기르는 부모에게 만족감과 기쁨을 준다는 점에서(물론 희생과 고통을 주는 것도 사실이지만, 자녀가 부모에게 주는 기쁨이 불행이나 슬픔보다 크다는 공리주의적 관점을 받아들인다면) 일종의 재화로 간주된다. 시장에서 구입한 재화로부터 소비자가 만족감을 얻는 것과 마찬가지이기 때문에 자녀 역시 재화로 보는 것이다. 특히 자녀는 냉장고나 자동차같이 오랜 기간 소비할 수 있다는 점에서 내구재^{durable goods}라고 볼 수 있다. 말하자면 자녀를 20여 년 동안 소비(?)하고 출가시킨다는 점에서 그렇다. (요즘은 출가 이후에도 애프터서비스를 한다.)

그런데 이런 문제를 다루는 가족경제학 분야에서 한동안 논쟁

아닌 논쟁이 있었다. 재화의 관점에서 볼 때, 자녀는 일반 정상재 normal good인가 아니면 열등재inferior good인가 하는 문제였다. 이러한 논쟁은 경제가 발전하고 국민소득이 증가하면서 시작되었다. 개발도상국의 인구와 출산율 통계를 보면 흥미로운 사실을 발견할 수 있다. 1인당 소득이 늘어날수록 출산하는 자녀의 수가 줄어드는 경향을 보인다는 것이다. 이른바 '자녀의 역설paradox of children'이다. 일반 정상재의 경우 소득이 높아지면 재화에 대한 지출도 늘어 소비가 증가한다. 즉, 정正의 소득 효과income effect를 보인다. 반면 소득이 늘어날수록 수요가 줄어드는 재화, 즉 부負의 소득 효과를 보이는 재화를 열등재라고 한다. 그렇다면 자녀는 열등재라는 결과가 나오는데, 과연 그럴까. 이에 관한 논의는 다양하지만 결론적으로 말하면 자녀 수는 경제 성장 과정에서 줄어들되 자녀에 대한 지출액은 계속 늘어나기 때문에 열등재가 아니다.

우리나라의 경우를 보자. 근대화 과정을 겪기 전 농업 사회에서는 자녀 수가 대단히 많았다. (자녀가 많다는 것은 농업 부문에서 일손이 늘어난다는 뜻이었다.) 공업화 초기 단계에서도 7~8명의 자녀를 갖는 가구가 흔했다. 그러나 공업화가 상당히 진행되면서 자녀 수는 급격히 줄어들기 시작했다. 20세기 후반에는 2명 이하로 떨어졌고 최근에는 심지어 1명 이하로 감소해 세계 최소 출산율 국가가 되었다. 2050년 이후에는 인구가 감소하는 상황에 처할 것이다.

요즘 젊은 세대는 출산 자체를 기피하고 있다. 자녀에 대한 지출이 과도해졌기 때문이다. 특히 빈곤 계층 젊은이들은 가처분 소득 수준이 낮고 알바 등으로 여가 시간이 줄면서 연애할 시간도 없다. 당연히 결혼 기회를 박탈당하고, 또 막상 결혼하려 해도 그 비용과 주거 공간을 마련하기 어려운 실정이다. 악순환의 연속이다.

결혼해서 1명 이상의 자녀를 두는 것은 이제 부유한 환경이 아니고서는 어려운 게 현실이다. 이런 경제적 상황에서 자녀는 정상재를 넘어 사치재luxury good라고 해야 할 것이다.

35 | 비만도 감기처럼 전염된다?

비만도 감기처럼 다른 사람에게 전염될 수 있다. 하버드 대학 의대 교수 연구팀은 2007년 <뉴잉글랜드 의학 저널>에 실은 논문에서 체중 변화와 사회적 네트워크의 관계를 분석한 결과 이 같은 결론을 얻었다.

연구팀은 1만 2000여 명의 미국인을 대상으로 1971년부터 2003년까지 체중이 어떻게 변화했는지 살피고, 이 기간에 친구 관계를 비롯한 사회적 네트워크가 어떻게 바뀌었는지 분석했다. 그 결과 비만인 친구를 둔 사람은 뚱뚱해질 위험성이 그렇지 않은 친구를 둔 경우에 비해 57퍼센트 정도 높은 것으로 나타났다. 비만인 친구와의 관계가 돈독할수록 뚱뚱해질 가능성은 더 높았다. 한편 형제자매가 뚱뚱하면 자신도 비만이 될 위험성은 40퍼센트, 뚱뚱한 배우자를 만나면 자신도 비만이 될 가능성은 37퍼센트가량 높았다.

연구팀은 이 같은 현상을 비만의 '사회적 전염'으로 분석했다. 사회적 전염은 비만 유발 유전자보다 더욱 강력한 영향을 미친다는 것이 연구팀의 결론이다. 평균적으로 비만인 친구의 몸무게가 약 7.7킬로그램 늘어나면 친한 친구의 몸무게도 2.3킬로그램 정도 늘어났다.

'전염 경로'에 관해선 가족이나 친구가 비슷한 식습관과 운동 습관을 공유한다는 점을 들었다. 이에 못지않게 비만에 대한 인식이 바뀌는 점도 중요한 원인이라고 지적했다. 친한 친구가 비만일 경우 적절한 체형에 대한 기준 자체가 달라진다는 것이다.

연구팀은 이 같은 현상에 대한 해결책으로 비만인 친구와 결별할 것을 권하지는 않았다. 대신 함께 노력하면 다이어트 효과가 더욱 커진다는 점을 지적하며 '윈-윈 전략'을 대안으로 제시했다.

코로나19 팬데믹을 겪으면서 얻은 교훈 중 하나는 사회에서 각 개인은 하나의 섬처럼 고립되어 독립적으로 살아갈 수 없다는 것이다. 사람들은 의식하든 않든 서로 연결되어 있으며, 좋은 영향이든 나쁜 영향이든 주고받으며 살아간다. 감염 예방에 소홀하거나 신경 쓰지 않으면 모두에게 재앙이 될 수 있다. 각자 조심하고 경계심을 유지해야 사회 전체적으로 전염을 막을 수 있다.

비만도 마찬가지다. 주변 사람들이 다이어트에 신경 쓰고 식사량을 조절하면 자연히 비만도 막을 수 있다. 경제학적으로 말하면 부정적 외부 효과를 긍정적 외부 효과로 바꿀 수 있는 것이다. 윈-윈 전략이란 바로 이런 것을 말한다.

36 | 블라인드 테이스팅과 와인값

보통 사람들이 비싼 와인과 싸구려 와인의 맛 차이를 정확하게 구별할 수 있을까? 이와 관련해 영국 과학자들은 비싼 와인을 마시는 것은 돈 낭비이자 시간 낭비라는 결론을 내렸다.

영국 허트포드셔 대학 심리학과 연구팀은 에든버러 과학 페스티벌에서 일반인 578명을 대상으로 3~4파운드짜리 싸구려 와인과 10~30파운드짜리 중급 와인(레드와인과 화이트와인 각각 4종)을 놓고 블라인드 테이스팅blind tasting을 했다.

그 결과 비싼 와인을 구분해낸 사람의 비율은 평균 50퍼센트였다. 요컨대 둘 중 아무거나 하나를 골라 정답을 맞힐 확률과 별반 차이가 없었다는 얘기다. 심지어 3.49파운드짜리와 15.99파운드짜리를 시음한 프랑스 보르도산産 레드와인의 경우는 더 비싼 것을 제대로 맞힌 정답자가 39퍼센트에 그쳤다.

이 실험이 주는 교훈은 분명하다. 불황기에나 돈이 넉넉지 않은 사람들에게는 특히 더 그렇다. 싸구려 와인과 비싼 와인의 맛을 구별할 수 없다면 싼 것을 마시는 게 답이다. 하지만 한 와인 잡지의 편집장은 이에 대해 반론을 펼쳤다. 어차피 맛은 주관적인 것이고, 비싼 와인이 주는 즐거움 중 하나는 그것이 비싸다는 사실 자체이기 때문이라면서. 즉 과시적 소비conspicuous consumption가 주는 심리적 효과를 무시할 수 없다는 것이다.

37

알파 걸과 오메가 보이: 남성 중심 사회의 종말

알파 걸^{alpha girl}과 오메가 보이^{omega boy}는 각각 '다방면에서 남성을 능가하는 뛰어난 여성'과 '열등한 남자'를 가리킨다. 미모와 경제력을 갖춘 중년 여성을 뜻하는 쿠거족(cougar: 또는 퓨마족)이 등장한 지는 이미 오래되었고, 일본에서 유행한 '초식남草食男'은 여성처럼 온순하고 섬세한 남성을 일컫는다.

한때 양성평등이 사회적 화두였는데 이제는 양성평등의 임계점을 지나 여성 우위 시대로 향하고 있다는 진단이 대세다. 미국 시사 잡지 <애틀랜틱^{Atlantic}>은 흥미롭게도 2010년에 이미 '최고의 아이디어' 1순위로 '남성의 종언^{The End of Men}'을 꼽았다. 미국 노동부 통계에 따르면 관리·전문직의 여성 비율도 50퍼센트를 넘어선 지 오래다. <타임>은 2010년 미국 여성 직장인의 평균 임금이 남성과 같아졌다며 4월 20일을 '이퀼 페이 데이Equal Pay Day'라고 명명했다. 미국 가계 소득에서 여성의 소득이 차지하는 비율은 1970년대만 해도 2~6퍼센트에 불과했지만 지금은 40퍼센트를 훨씬 상회하고 있다. 이 같은 현상은 기존의 가부장적 사회에서 가모장家母長 시대로 이행하는 과정이라고 볼 수 있다.

이제는 여성의 사회 진출 확대를 축하하기보다 남성 추락의 파장을 염려해야 할 시대가 도래한 것이다. 청소년 교육에서 남성의 중도 탈락률이 높은 것도 심각한 사회 문제다. 이런 성性의 역전을 두고 사회진화론자들은 남성 우위의 사회 구조가 효용성을 잃었기 때문이라고 설명한다. 현대 산업 사회가 여성에게 점점 유리해지고 있다는 것이다. 이런 사회에서 성공의 열쇠는 체력과 스태미나, 마초주의macho主義가 아니라 사회적 지능과 의사소통력, 평정심과 집중력이다.

글로벌 금융 위기 때 월스트리트Wall Street의 몰락을 경제학계에서는 남성 호르몬과 과도한 모험의 상관관계로 설명하기도 한다. 스위스 다보스 포럼에선 "만약 '리먼 브라더스'가 아니라 '리먼 시스터스'였다면 지금의 금융 위기가 터졌을까"라는 질문이 나오기도 했다. 실제로 미국 컬럼비아 경영대학원이 상위 1500개 기업의 1992~2006년 자료를 분석한 결과에 따르면, 고위 경영직의 여성 참여가 높은 기업일수록 실적도 좋은 것으로 나타났다.

특히 경제가 침체 국면으로 접어들수록 남성이 주로 종사하는 건설, 중장비 생산 등은 급격한 쇠락을 경험하는 반면 여성 종사자가 많은 교육·의료 분야 등은 비교적 사정이 나은 편이다. 또한 세계화가 진행됨에 따라 상대적으로 고등 교육을 적게 받은 남성이 여성에 비해 취업을 못하거나 일자리를 잃을 가능성이 크다. 미국에서 대학 졸업자의 남녀 성비는 머지않아 여성이 월등히 우위를 점할 것으로 예상된다.

사실 글로벌 경제 위기를 몰고 온 장본인은 남성이다. 그동안 금융 분야는 남성의 전유물로 여겨져왔다. 남성이 절대 우위를 차지하고 있는 정계의 주요 인사들도 금융 위기를 방치했다. 최근 들어 여성 정치 지도자들이 남성을 밀어내는 경향이 나타난 건 이런 배경과 무관치 않아 보인다. 현재의 자본주의가 종말을 고하지는 않겠지만 남성 중심의 경제 사회는 더 이상 존립하기 어려울 것으로 전망된다.

38

'연하남 가설'은
틀렸는가

<뉴욕의 가을Autumn in New York>이나 <하오의 연정Love in the Afternoon> 같은 할리우드 영화를 보면 주인공은 리처드 기어나 게리 쿠퍼 같은 나이 많은 부호 플레이보이인데, 그 상대 여자는 앳된 처녀들이다. 남자는 나이가 들어도 젊은 여자와 연애를 한다. 여성의 경우는 어떨까? 경제적으로 여유 있고 독립적인 싱글 전문직 여성의 경우는 남성의 전형적 패턴과 같다는 주장이 제기되고 있다. 이른바 '연하남 가설'이다 경제적으로 독립적인 여성은 외모가 멋있는 젊은 남자를 좋아한다는 것이다.

그런데 2011년 진화심리학evolutionary psychology 학회지에 색다른 연구 결과가 실렸다. 경제적인 독립을 이룬 여성은 매력적이면서도

자신보다 나이 많은 남성을 좋아한다는 것이다.

가령 단적인 예를 들어보자. 경제적으로 성공한 30대 중·후반의 여성 앞에 젊은 리어나도 디캐프리오와 중년의 조지 클루니가 서 있다면, 그녀는 누구를 선택할까? 연구 결과에 따르면 정답은 '조지 클루니'다.

이 연구를 수행한 영국의 한 대학 연구진은 18~35세 여성 1850명과 남성 1920명을 대상으로 설문 조사를 했다. 먼저 이들을 사회적 지위와 경제적 능력 등을 기준으로 구분했다. 그런 다음 외모와 경제적 능력, 유머 감각 중 어떤 조건을 중요하게 생각하는지 물었다. 그 결과 돈을 잘 버는 여성들은 남성의 경제적 능력보다 외모를 중요하게 생각했다. 하지만 눈에 띄는 점은 그런 여성들이 젊은 남성보다 나이 많은 남성을 선호했다는 것이다.

예컨대 남성들은 자신보다 1.5세 어린 여성을 좋아했지만 여성들은 2.5세 위의 남자를 선택했다. 여성들은 남성이 자신보다 최대 9세 많더라도 나이 차를 극복할 수 있다고 답변했다. 반면 남성들은 자신보다 5세 이상 많은 여성하고는 사귀고 싶지 않다고 답했다. 연하의 경우에도 여성은 2세 어린 남성까지만 좋아할 수 있다고 응답한 반면, 남성은 5세 어린 여성까지 좋아할 수 있다고 응답했다.

돈 많은 여성이 젊은 남성을 좋아할 것이라는 기존의 상식과는 완연히 다른 결과다. 그렇다면 우리가 막연히 생각하는 '연하남 가설'은 과연 틀린 것일까? 이 가설을 완전히 배척하려면 앞으로 더 많은 관련 연구가 뒷받침되어야 할 것 같다.

39

모바일 폰으로 본 '할머니 가설'

사람들은 길을 걸으면서, 또는 버스나 지하철 안에서 쉴 새 없이 전화를 하고 문자 메시지를 보낸다. 과연 그들은 누구와 소통하는 것일까? 과학은 호기심에서 출발한다. 옥스퍼드 대학의 인류학자 로빈 던바Robin Dunbar 교수는 한 사회에서 성별과 나이에 따라 누구와 가장 많이 연락하는지 안다면 개인의 유대 관계를 생생하게 그려낼 수 있을 거라는 아이디어를 구체화했다.

그는 유럽인을 대상으로 320만 명(남자 180만 명, 여자 140만 명)의 휴대폰 사용 패턴을 분석했다. 이들이 사용한 19억 5000만 통의 통화와 4억 8900만 건의 문자 메시지가 누구에게 갔는지를 분석해 한 사람이 가장 자주 통화한 순서대로 3명을 추려냈다.

일단 남녀 모두 20~30대의 젊은 층이 가장 많이 통화한 사람은 같은 연령대의 이성이었다. 예상대로 젊을 때 통화 1순위는 배우자나 연인이었던 것이다. 그 비율이 가장 높은 나이는 남성의 경우 32세, 여성은 27세였다. 현대인의 결혼 적령기와 일치한다. 그런데 1순위의 지속 기간은 남녀에 따라 크게 달랐다. 여성의 '남성 1순위' 현상은 14년간 이어졌지만, 남성은 7년에 그쳤다.

그런데 50대는 상황이 달랐다. 50대 여성의 통화 1순위는 한 세대 어린 여성으로 바뀌었고, 이전의 1순위이던 같은 연령대 남성은 2순위로 밀려났다. 3순위는 한 세대 젊은 남성이었다. 던바 교수는 1순위가 딸이고, 2순위는 배우자, 3순위는 아들일 것으로 추정했다. 이에 비해 50대 남성의 통화 1순위는 같은 연령대의 남녀가 비슷한 비율로 나타났다. 이들은 배우자나 사회생활의 동료로 해석된다.

던바 교수는 여기서 인류 진화를 이끌어온 여성의 고귀한 생물학적 본능을 확인할 수 있다고 주장했다. 먼저 여성의 통화 1순위가 배우자일 때는 아이를 낳고 키우는 것이 다른 일보다 우선시되는 시기와 일치한다. 40대 중반이 지나면 여성은 이제 자신이 아이를 낳기보다는 다음 세대 여성, 즉 아이를 새로 낳을 수 있는 딸을 지원하는 데 모든 관심을 쏟는다. 통화 1순위가 딸로 바뀌는 게 자연스러울 수밖에 없는 이유다.

여성의 수명은 80세 이상이지만 50세 전후로 폐경기에 접어들어 생식 능력이 급격히 퇴화하기 시작한다. 60대에는 생식 능력을 완전히 상실한다. 동물 세계에서 암컷이 죽기 직전까지 자손을 낳는 것과는 완전히 다른 모습이다. 인간은 자립하는 데 다른 동물과 달리 많은 시간이 걸린다. 길게는 20년 넘게 부모의 보살핌을 받아야 한다. 만약 여성이 다른 동물처럼 나이가 들어서도 계속 아이를 낳는다면 먼저 태어났든 나중에 태어났든 그 자식이 독립할 때까지 제대로 보살피기 어렵다.

아이가 다 자란 후 다시 아이를 낳을 수도 있지만, 노산老産은 여성의 생명을 위협하는 위험천만한 일이다. 그보다는 그동안 터득한 생활의 지혜를 토대로 젊고 자신의 유전자를 지닌 딸을 돕는 것이 후손을 퍼뜨리는 데 더 유리하다는 점이 진화론적으로 볼 때 의미를 갖는다. 즉, 여성의 이른 폐경은 할머니가 직접 자녀를 낳기보다 손주들의 양육에 도움을 줘 자신의 유전자를 지닌 자손을 번성시키는 방향으로 진화해왔다는 것이다. 이른바 '할머니 가설'이다.

그동안 할머니 가설에 대한 증거는 원시 부족이나 18~19세기 전통 사회에서만 찾아볼 수 있었다. 그런데 이것이 현대 사회에도 통할 수 있다는 점을 휴대폰 사용 패턴을 통해 입증한 것이다. 중년에 접어든 남성들은 아내가 결혼 초기에는 하루에도 몇 번씩

전화해서 안부를 묻더니 요즘엔 아이만 챙기고 자기는 모른 척한다고 불평한다. 하지만 아내의 이 같은 변심은 후손을 위한 고귀한 희생에서 비롯된 것이라는 사실을 깨달아야 한다.

40 | 가사 분담이 공평한 부부는 화목할까

노르웨이 사회연구소는 가사 분담의 역설을 보여주는 '가정 내 평등'이라는 연구 보고서를 발표한 적이 있다. 일반 사람들의 통념과 반대로 "남편이 집안일을 더 많이 할수록 이혼율이 높아진다"는 것이다. 이 연구 보고서의 조사 결과에 의하면, 여성이 집안일 대부분을 처리하는 부부보다 남녀가 공평하게 집안일을 분담하는 부부의 이혼율이 약 50퍼센트 높다고 한다. 또한 남편이 아내보다 더 많이 집안일을 할 경우는 그 반대의 경우보다 이혼율이 무려 78퍼센트나 높았다. 남편이 아내의 가사를 적극적으로 돕는 것이 바람직하겠지만 현실에서는 그렇게 집안일을 동등하게 책임진다고 해서 필수적으로 만족감이 생기는 것은 아니며,

오히려 부부 간에 충돌이 잦아 화목을 깨는 불화의 씨앗이 될 수 있다는 분석이다. 즉, "가정에서 남녀가 불평등할수록 더 많이 이혼한다"는 통념을 깨버린 것이다.

집안일을 공평하게 분담하는 부부가 이혼을 더 많이 하는 이유는 가사 분담에서 빚어지는 충돌 때문이다. 요컨대 가사를 명확하게 구분하지 않을 경우 누가 더 집안일을 많이 했느냐는 문제를 둘러싸고 부부 싸움이 벌어질 가능성이 크다. 따라서 상대방 영역에는 절대 간섭하지 않도록 명확한 역할 분담이 필요하다.

노르웨이 가정 70퍼센트는 여성이 양육을 제외한 대부분의 가사를 전담하고 있으며, 이들은 가사를 동등하게 분담하는 여성과 비슷한 행복감을 느끼는 것으로 조사됐다. 반면 자녀 양육 부분에서는 조사 대상 가정의 70퍼센트가 양육을 공평하게 분담하고 있어 가사 부문보다 성 평등이 훨씬 진전된 양상을 보인다.

현대 여성은 교육을 잘 받고 임금도 높아 재정적으로 남편에게 의존할 이유가 없다. 이혼한다고 해도 크게 아쉬울 게 없는 것이다. 특히 중산층 전문직 부부는 가사 분담을 공평하게 하는 경우가 많고 이혼율도 높다. 이들은 직업상 만나는 인간관계를 부부 관계보다 더 중시하기 때문에 상대적으로 쉽게 이혼한다. 소득 수준과 결혼 생활의 행복도 간의 이상한 역설이다.

국가 간 전쟁의 가능성도 이와 유사하다. 국가 간 힘의 서열이 정해져 있고 안정적일 때는 전쟁 가능성이 별로 없고 평화가 유지된다. 힘의 위계질서^{hierarchy}가 세계 평화를 담보하는 것이다. 그러나 열세에 있던 국가의 파워가 강성해져 안정적인 힘의 서열 관계가 무너지면 평화는 깨지고 전쟁 가능성이 커진다. 두 번의 세계대전만 하더라도 기존 강대국이던 영국과 프랑스에 대항해 독일이 힘을 키우면서 세력 균형이 깨져 전쟁이 발발했던 것이다.

이러한 힘의 균형 문제는 가정에도 그대로 적용된다. 가부장적인 가정에서는 위계질서가 안정적으로 유지되어 부부싸움이나 이혼 가능성이 낮다. 오히려 성 평등이 진전되고 경제적으로도 여성의 소득이 많을수록 갈등은 증폭되고 이혼 가능성이 높아진다.

41 | 트로피 아내의 퇴조

오늘날 동서양을 막론하고 결혼 시장에서 인기 있는 신붓감은 안정적인 직장을 가진 여성이다. 결혼을 앞둔 남성들이 이상적인 결혼 생활로 '맞벌이 부부'를 생각하기 때문이다. 예전처럼 현모양처형의 전업주부를 원하지 않는 것이다. 신붓감으로서 여교사의 주가가 천정부지로 뛰는 것도 이와 같은 이유 때문이다.

미국 같은 나라에서도 과거와 달리 '트로피 아내(trophy wife: 젊고 아름다운 전업주부)' 대신 '파워 커플(power couples: 고소득 맞벌이 부부)'을 선호한다. '트로피 아내'는 1980년대 말부터 쓰인 용어인데, 성공한 중장년 남성들이 부상副賞으로 트로피를 받듯 젊고 아름다운 전업주부를 아내로 얻는 추세를 지칭하는 말이다.

인디애나주에 있는 퍼듀 대학 경제학과의 폴 칼린 교수는 학술지 <노동경제학Journal of Labor Economics>에 발표한 논문에서 "성공한 남성들이 집에서 자녀를 돌보는 전업주부보다 고소득 전문직 여성을 아내로 선호"하는 현상을 실증적으로 보여주었다. 이 연구에 따르면 1980년대만 해도 남성의 연봉이 높을수록 아내의 일하는 시간이 적었지만 이제 남성의 연봉과 아내의 근무 시간의 상관관계가 뒤집혔다. 아내의 근무 시간이 연간 1000시간을 넘으면 남편의 연봉도 5.5퍼센트 상승하는 것으로 나타난 것이다.

이 같은 변화는 일차적으로 남녀 간 임금 격차가 줄고 기혼 여성의 취업률이 증가한 때문이다. 1980년대 초반 50퍼센트이던 기혼 여성 취업률이 70퍼센트로 증가했다.

한편 '파워 커플'의 등장은 남성이 여성의 성공을 받아들이는 추세가 널리 확산되고 있음을 보여주는 긍정적 현상이다. 그러나 한편으로는 '파워 커플'이 다른 계층과의 격차를 벌여 소득 양극화를 심화시키는 요인이 될 수 있다는 우려의 목소리도 나오고 있다.

42 | 시애틀 오페라의 성공 방정식

<하버드 비즈니스 리뷰[HBR]>는 미국 워싱턴주 시애틀에 있는 '시애틀 오페라[Seattle Opera]'를 현대 기업들이 배울 만한 '경영의 전범'으로 선정했다. 글로벌 불경기로 전 세계의 수많은 중·소 오페라단이 파산 위기에 내몰리며 신음하는 것과 달리, 시애틀 오페라는 성공적으로 생존하고 있다는 이유에서다.

시애틀 오페라를 강력한 '수요 창출 기계'이자 '연구 대상'으로 만든 주역은 스파이트 젠킨스[Speight Jenkins] 단장이다. 1983년 단장에 취임해 2014년까지 30년 넘게 '현장 총사령관'을 맡은 그는 소비자(관객) 접근 방식과 마케팅, 내부 인력 운용 방식을 획기적으로 뜯어고쳤다. 그는 이렇게 주장했다. "우리는 21세기에 살고 있

지만 오페라는 19세기의 틀에 갇혀 있는 예술 장르다. 오페라 자체를 바꿀 수는 없으므로 극劇 이외의 모든 것을 세상 흐름에 맞추는 동시에 우리가 원하는 방향으로 시장을 리드해야 오페라 장르는 살아남을 수 있다."

그가 들려주는 시애틀 오페라의 성공 요인을 살펴보자.

첫째, 희소성으로 승부한다.

시애틀 오페라는 4년마다 한 번씩 독일 작곡가 빌헬름 리하르트 바그너W. R. Wagner의 대작 오페라 <니벨룽겐의 반지Der Ring des Nibelungen>를 공연한다. 이 오페라는 시애틀 오페라의 상징 같은 존재다. <니벨룽겐의 반지>를 무대에 올리는 해에는 다른 해보다 매출이 50퍼센트 가까이 오르기 때문이다. "왜 매년 <니벨룽겐의 반지>를 공연하지 않느냐"는 관객들의 요구에 젠킨스 단장은 "올림픽을 매년 개최한다면 사람들이 지금처럼 올림픽에 관심을 갖겠느냐"고 반문했다. 희소성을 고수함으로써 품격과 명성, 상업성이란 세 마리 토끼를 잡는 전략이다.

둘째, 시장 흐름에 유연하게 대응한다.

젠킨스 단장이 취임한 후 시애틀 오페라는 '7년 주기 법칙'이라는 규칙을 세우고 엄격히 지켰다. 극단의 공연이 지나치게 대중에 영합하는 것을 막기 위해 어떤 작품이든 한 번 공연하면 이후 7년간은 무대에 올리지 않는다는 규칙이다. 하지만 2008년 미국 금융 위기가 터진 후에는 이 규칙을 스스로 바꿨다. 관객이 급감하는 현실을 반영해 상대적으로 유명한 작품에 집중하기로 방향을 튼 것이다. 시장 상황이 변화하면 기존에 세운 룰rule도 유연하게 바꿔야 한다는 것이다.

셋째, 핵심 가치는 절대 양보하지 않는다.

젠킨스 단장은 오페라의 본질에 절대로 손을 대서는 안 된다는 신념을 가지고 있었다. 불경기라고 해서 오케스트라 규모를 축소하거나, 코러스 인원을 줄이거나, 공연 시간을 단축하는 것은 오페라 자체를 망가뜨리는 자살 행위다. 핵심 가치를 무너뜨려가며 돈을 벌어야 하는 사업이라면 차라리 문을 닫는 게 낫다는 것이다.

넷째, 소비자(관객)가 상품(오페라)을 이해하게 한다.

젠킨스 단장은 매번 공연이 끝날 때마다 무대 위에 올라가 관객으로부터 직접 질문을 받았다. 극장까지 찾아온 관객은 오페라를 좋아할 준비가 되어 있는 사람이니 이들을 잘 이해시키는 것을 의무라고 여겼기 때문이다.

다섯째, 학생·어린이 등 잠재 고객층을 키운다.

시애틀 오페라에는 '오페라, 학교에 가다^{Opera goes to school}'라는 프로그램 전담 조직이 있다. 시애틀 지역의 초·중·고교에서 오페라를 가르치는 프로그램인데 1980년대부터 시작됐다. 학생들이 오페라를 접할 기회가 없어지면 미래에 오페라를 볼 관객 또한 사라질 것이다. 일단 오페라에 관심을 가지면 학생들은 10년 후든, 20년 후든 관객이 될 수 있다. 시장이 줄어든다고 포기하기보다 미래 수요를 창출하는 방법을 찾는 것이다.

여섯째, 장기적 안목으로 접근한다.

시즌 개막 날, 시애틀 오페라단은 시내 대형 체육관에 시민 5000명을 무료로 초대한다. 체육관에 설치한 대형 화면으로 오페라 공연을 실황 중계하는 것이다. 5000명에게 공짜로 보여준 만큼 티켓 수입 감소로 이어질 수도 있다. 하지만 오페라에 익숙하지 않은 평범한 대중에게 접근하려면 어떻게든 장기적 안목으로 접점을 만드는 것이 중요하다.

마지막으로, 종신직^{終身職}을 단 한 명도 두지 않는다.

시애틀 오페라는 세 부류로 나뉜다. 항상 무대에 오르는 정단원(36명), 무대 규모가 커질 때 오르는 부단원(12명), 정단원과 부단원 가운데 갑작스럽게 결원이 생길 때 무대에 오르는 예비 단원(6~7명)이다. 정단원은 2년마다 오디션을 통해 자신의 실력을 증명해야 한다. 만약 오디션을 통과하지 못하면 6개월 후 다시 한 번 평가를 받아야 하고, 이때 실력이 떨어지면 부단원으로 강등된다. 젠킨스 단장은 이렇게 말했다. "시애틀 오페라에서는 그 어느 누구도 종신직이 될 수 없다. 나 역시 실력이 떨어질 경우에는 언제든 나 자신을 가장 먼저 해고할 것이다."

이런 CEO가 리더십을 발휘하는 조직은 절대로 망할 수 없다는 생각이 든다!

43 | 루브르를 경영하는 것은
그 자체가 예술이다

　박물관이나 미술관은 가치 재화의 성격을 갖는 공공재^{public goods}
이기 때문에 이윤을 추구하는 민간 기업과 다르다. 그래서 각국
의 주요 박물관은 무료인 곳도 많으며 원하는 만큼 자발적인 입
장료^{suggested price}를 내도록 하는 미술관도 있다. 문제는 박물관 수
입의 확충이 관건이다. 이들은 공공재이므로 대개 정부로부터 예
산을 지원받는다. 미국의 경우는 민간의 후원금으로 주로 충당한
다. 그럼에도 불구하고 자체적으로 기금을 확충하는 것은 관장의
업무 중 가장 중요한 일이다. 박물관의 재정 자립도를 높이는 것
이 좋은 전시를 기획하거나 입장객 수를 늘리는 일만큼 중요하다
는 뜻이다.

그런 차원에서 미술관 등이 기금 마련 바자회나 음악회 등을 여는 일도 흔하다. 프랑스 파리의 루브르 박물관에서도 이런 모금 만찬을 개최한다. 여기에는 경제계 거물과 유럽의 왕족 등이 참석하는데, 물론 루브르의 경영을 위한 행사다.

루브르의 이러한 변화는 2001년에 취임한 앙리 루아레트^{Henri} ^{Loyrette} 관장 때부터 시작되었다. 그는 정부 보조금이 줄어드는 상황에서, 박물관의 경직적인 공무원 문화를 깨고 종신직이던 부서장 자리를 계약직으로 바꾸는 한편 전 방위적으로 모금 활동에 주력했다. 아울러 매년 회비를 내며 루브르의 든든한 후원자 역할을 하는 '루브르의 친구들'(회원 7만 명) 조직을 세계화했다. 그리고 '루브르의 친구들'에겐 레오나르도 다빈치의 미공개 스케치 전시회 같은 '배타적인' 혜택을 주었다.

2006년엔 영화 <다빈치 코드> 촬영에 장소를 제공한 대가로 250만 달러를 받았고, 루브르에 이슬람 예술관을 개관하면서 사우디아라비아로부터 5400만 달러를 받았다. 그뿐만 아니라 '루브르 아부다비 분관'을 설치해 언론의 주목을 받기도 했다. 중동의 부국富國 아랍에미리트연합의 수도 아부다비에 개관하는 박물관에 '루브르'라는 이름을 빌려주고 6억 3000만 달러의 수익을 올린 것이다. 또한 여기에 파리 '본관'의 소장품을 전시할 때에는 별도의 대금을 받았다.

재정이 넉넉해지면서 박물관 예산의 70퍼센트를 차지하던 국가 보조금이 50퍼센트 이하로 낮아졌다. 작품 구입용 비축금도 확충되었고, 관람객 수는 세계 최대를 유지하고 있다.

이처럼 루아레트 관장은 2013년 퇴임할 때까지 자유분방한 지성과 인간적 매력으로 일류 기업 CEO 뺨치는 능력을 발휘하며 루브르 박물관을 경영했다. 그는 이렇게 말했다. "루브르를 경영하는 것은 그 자체가 예술이었다."

4부

뉴욕 통근 열차가
1분씩 늦게 출발하는 이유

44 | 영화 흥행의 성공 법칙은 있는가: <카사블랑카>의 경우

영화 산업에서 흥행의 성공 법칙은 없다. 영화 제작자에게 영화의 성공적 흥행은 마치 복권에 당첨되는 것과 같다. 영화 산업에서 제작비를 건지는 손익분기점^{break-even}을 넘는 작품은 평균적으로 10퍼센트 남짓에 불과하다. 이른바 '대박'이 나는 경우는 극히 드물다. 그래서 제작비가 많은 영화의 제작자일수록 흥행 성공이 보장될 만한 잘 알려진 배우를 섭외한다. 그런데 영화 산업에 관한 여러 연구에 따르면, 유명 배우가 주연을 맡은 영화와 그 영화의 흥행 성적의 상관관계를 분석한 결과는 의외다. 상관관계가 거의 없는 것으로 나타나거나, 아니면 오히려 부정적 상관관계를 보여주기 때문이다. 그 이유는 바로 유명 주연 배우에 대한 높은 개런티에 있다.

이런 면에서 20세기의 전설적 영화로 꼽히는 <카사블랑카 Casablanca>는 아주 예외적이다. 이 영화를 만든 할리우드는 당시 영화의 '공장'과도 같았다. 1930~1940년대 할리우드는 엇비슷한 스튜디오에서 수없이 작품을 찍어냈다. 영화 기획자가 배우와 스태프 그리고 감독을 소집해 마치 공장에서 제품을 찍어내듯 만들어 개봉했다.

<카사블랑카>의 경우는 더욱 형편없었다. 완성된 대본도 개연성이라고는 찾아볼 수 없는 허점투성이였다. 잘 알려진 대로 결말도 정해지지 않은 채 촬영에 들어갔다. 세트도 널빤지로 엉성하게 세웠으며, 모로코의 항구 도시를 배경으로 한 영화지만 단한 번도 할리우드를 벗어나지 못했다. 스크린 화면을 배경으로 찍은 유명한 드라이브 신은 당시 기술로 봐도 조잡하기만 했다.

그러나 뛰어난 출연진이 이 모든 결점을 가렸다. 대다수 조연배우가 나치를 피해 도망친 유럽 이민자여서 영화의 현실감을 높였다. 그리고 여주인공 잉그리드 버그먼Ingrid Bergman은 최고의 선택이었다. 또한 영화를 20세기 고전으로 만든 주인공은 바로 당대의 카리스마 배우 험프리 보가트Humphrey Bogart였다. 까칠한 말투의 이 중년 신사는 은막을 압도했다. 냉소 속에 숨겨진 로맨티시스트로 등장하는 주인공 '릭'은 관객들에게 잊을 수 없는 추억을 선

사했다.

　<카사블랑카>는 1943년 오스카 작품상과 감독상, 각색상을 휩쓸었다. 허접한 대본은 희한하게도 미국 시나리오작가조합이 뽑은 '가장 위대한 시나리오'로 바뀌었다. 불후의 걸작이 된 것은 인걸人傑의 힘이었다. 돈이 문제가 아니었다. 그런 점에서 <카사블랑카>는 아주 예외적인 작품이다.

45 | 라디오시티뮤직홀과
       존 록펠러의 꿈

　뉴욕에서 가장 전통 있는 콘서트홀은 단연 카네기홀^{Carnegie Hall} 일 것이다. 이 공연장은 이름 그대로 철강 재벌 앤드루 카네기 ^{Andrew Carnegie}의 기부로 세워진 것이다. 카네기 가문을 뛰어넘어 자선 단체나 대학 그리고 문화예술 분야에 많은 기부를 한 재벌은 석유 사업으로 거부가 된 록펠러^{Rockefeller} 가문이다.

　뉴욕의 복합 공연예술 공간인 링컨센터가 록펠러 재단의 기부로 건립되었고, 세계 최고 순수 학문의 전당인 시카고 대학 역시 이 가문의 기부금으로 설립되었다. 또한 뉴욕 맨해튼 한복판에 '록펠러센터'를 세운 존 데이비슨 록펠러 2세^{Jr. John Davison Rockefeller}는 1967년 뉴욕에서 '메세나 협회'를 발족해 문화예술인에 대한 후원을 활성화했다.

록펠러는 평범한 뉴요커도 큰 부담 없이 고품격 대중 예술을 즐길 수 있는 공연장을 만드는 게 꿈이었다. 특히 대공황 이후 기업은 도산하고 수많은 사람이 실업자로 내몰릴 즈음, 그는 대중을 위한 공연장을 만들었다. 바로 라디오시티뮤직홀이다. 1932년 대공황으로 암울하던 시기임에도 라디오시티뮤직홀의 개관 행사에 수천 명의 인파가 몰렸다고 한다.

이 뮤직홀은 독특한 건물 디자인으로도 화제를 모았다. 음악당이나 대극장이라면 흔히 있을 법한 로코코 양식의 화려한 장식물은 찾아볼 수 없었다. 그 대신 유리와 알루미늄을 이용한 기하학적 장식이 특징이었다. 규모도 단연 최고였다. 지는 해를 형상화한 무대는 가로 세로의 길이가 각각 44미터, 20미터로 작은 축구장만 했다. 개관 당시 좌석은 5933석으로 세계 최대를 자랑했다.

공연 내용과 출연 배우 등도 대중의 이목을 집중시킬 만했다. 프랭크 시나트라Frank Sinatra, 엘라 피츠제럴드Ella Fitzgerald 등 다양한 장르의 예술인이 여기서 공연을 했다. 요즘도 매년 에미상, 토니상, MTV 비디오뮤직상 등의 시상식이 열리고 있으며, 관광객으로 북적이는 뉴욕의 랜드마크 역할을 톡톡히 하고 있다.

존 록펠러의 꿈은 이렇게 이루어졌다. 라디오시티뮤직홀은 암울한 시절에 밝게 빛나는 횃불 같은 곳이었다.

46 | 프랑스의 흑인 대통령은 가능한가

　많은 프랑스 젊은이들이 한때 흑인으로서 재선까지 성공하며 퇴임한 버락 오바마를 프랑스 대통령으로 옹립하자는 주장을 펼친 적이 있다.

　미국은 흑인 대통령을 탄생시켰지만 '평등의 나라'로 알려진 프랑스에서 흑인 대통령은 아직 없다. 그런 면에서 프랑스 젊은이들은 흑인 대통령을 만든 미국의 개방성을 부러워한다.

　하지만 '자유·평등·박애' 정신을 주창하는 프랑스에서도 흑인 대통령 출현은 아직 시기상조다. 2002년 대선에 출마한 흑인 후보 크리스티안 토비라Christiane Taubira가 얻은 지지율은 2퍼센트 정도에 불과했다. 놀랍게도 이때 당시 프랑스 하원의원 577명 중 흑인은 고작 1명에 불과했고, 프랑스 주요 대기업의 최고 경영자 중 흑인은 전무했다.

서구 사회 중 가장 평등을 강조하는 프랑스에서 흑인 대통령의 등장이 이렇게 어려운 이유는 무엇일까? 미국의 <월스트리트 저널>은 모든 분야에서 평등을 내세우는 프랑스의 독특한 분위기가 오히려 흑인의 정치·경제적 신분 상승을 가로막는 역설적 상황을 낳고 있다고 진단했다. 프랑스는 교육, 취업, 사회 복지 등 각 분야에서 인종, 종교, 민족에 관계없이 평등한 대우를 법적으로 보장한다. 그렇기 때문에 오히려 소수 인종한테 교육·취업의 기회를 넓혀주는 미국의 이른바 '소수자 우대 정책affirmative action' 같은 제도가 프랑스에는 없다.

'형식적 평등'에 얽매여 '실질적 평등'은 도외시하는 게 프랑스의 현실이다. 프랑스 정치 문화에서 오바마 같은 인물이 등장할 가능성이 현재로선 거의 없다는 사실이 오히려 역설적이다.

47

에펠탑의 경제적 가치

<포브스Forbes>는 매년 전 세계 글로벌 기업들의 브랜드 가치를 발표한다. 삼성의 브랜드 가치는 매년 톱 10 안에 들어간다. 그러면 세계적 상징물인 유명 건축물의 경제적 가치는 얼마나 될까?

2012년 이탈리아 몬차·브리안차Monza-Brianza 상공회의소는 해당 구조물에 투입된 재료뿐 아니라 이미지, 브랜드, 조형적 가치 등을 평가했다. 여기에는 관광객의 방문 빈도와 이에 따른 국내 일자리 및 소득 창출 규모도 포함되었다. 이 평가에 따르면 프랑스의 상징 에펠탑이 유럽에서 평가액이 가장 높은 역사적 구조물로 꼽혔다. 에펠탑의 가치는 무려 4350억 유로에 달했다. 2위로 평가받은 이탈리아 콜로세움의 910억 유로보다 5배 가까이 높은

가치다. 3위는 스페인의 유명 건축가 안토니 가우디^{Antoni Gaudi}가 설계한 사그라다 파밀리아^{Sagrada Familia} 대성당(899억 유로)이 차지했으며 이탈리아의 밀라노 대성당(823억 유로), 영국의 런던탑(705억 유로)이 각각 4위와 5위로 뒤를 이었다.

에펠탑의 가치는 프랑스 국내총생산의 5분의 1에 달하며, 1년 매출이 9000만 유로 수준이다. 그뿐만 아니라 매년 800만 명의 관광객이 찾아온다.

1889년 파리 만국박람회를 기념하기 위해 에펠탑을 건립할 당시에는 수많은 문화예술계 인사들이 이 '흉물스러운' 구조물을 세우는 데 반대했다. 대표적으로 소설가 모파상^{Guy de Maupassant}을 들 수 있는데, 그는 파리에서 에펠탑이 보이지 않는 곳을 찾다가 에펠탑 바로 아래 있는 식당엘 자주 들렀다는 에피소드가 전해질 정도다.

48 | 현대판 로빈 후드에 열광하는
톨레랑스 문화

경기 침체는 대개 부유 계층보다는 가난한 계층에 더 큰 타격을 준다. 프랑스 대도시에서는 대형 슈퍼마켓에서 식료품을 강탈해 궁핍한 사람들에게 연말 선물로 나누어준 사건들이 눈길을 끌었다. 파리와 렌Rennes 등지에서 대낮에 현대판 로빈 후드가 나타난 것이다.

프랑스 서북부에 있는 도시 렌의 라파예트 백화점에 '실업자와 불안정한 삶에 대한 투쟁 운동MCPL' 소속 행동대원들이 들이닥쳤다. 그들은 "연말을 즐길 능력이 없는 극빈자들에게 무료로 나눠주겠다"며 식료품 코너에서 스파게티 면과 쌀, 푸아그라foie gras, 샴페인 등을 강탈해갔다. 얼마 후엔 실업자 30여 명이 프랑스 남부

도시 그르노블^{Grenoble}의 슈퍼마켓 모노프리^{Monoprix}를 털었는데, 상점 지배인은 이들이 난동을 피워 다른 손님에게 피해를 줄까 봐 식료품 강탈 행위를 용인했다고 한다.

파리에서도 모노프리에 50여 명이 침입해 푸아그라·샴페인·연어·쌀·우유 등을 가득 담아갔는데, 이들이 강탈한 식료품은 파리 시내의 불법 이주 노동자와 걸인들에게 배포된 것으로 확인됐다.

피해를 입은 상점에서는 이들을 절도 혐의로 경찰에 고발했다. 하지만 식료품을 강탈한 실업자 단체는 자신들은 절도범이 아니며 쌍방 합의하에 이루어진 행동이었다고 주장했다. 상점 측에서도 그들의 절도가 '상징적 행위'라는 걸 알고 있었다는 것이다.

흥미로운 점은 이들의 식료품 징발을 지켜본 슈퍼마켓 손님들과 경찰의 반응이었다. 프랑스 일간지 <리베라시옹>의 보도에 따르면, 대다수 손님은 환호성을 지르며 이들의 강탈 행위를 지지했다. 경찰도 행동대원과 상점 대표 간의 협상을 지켜보기만 했다고 한다. 가난한 이도 연말에 샴페인과 푸아그라를 즐길 권리가 있다는 주장에 공감한 것일까. 우리 시각으론 이해하기 힘든 풍경이다. 평등과 톨레랑스(tolerance, 관용)를 유난히 강조하는 프랑스 문화에서나 있을 법한 사건이 아닌가 싶다.

49 | 공연 티켓 가격은
어떻게 결정되는가

　예나 지금이나 뮤지컬, 오케스트라 공연 등의 티켓 가격은 거품 논쟁에서 벗어나지 못하고 있다. 특히 해외 유명 프로덕션의 내한 공연 티켓 가격은 상상을 초월한다. 그렇다면 과연 어느 정도의 티켓 가격이 합리적일까.

　일반적으로 공연 티켓 가격을 매길 때 공연기획사의 계산은 의외로 간단하다. 총제작비를 객석 수로 나누는 것이다. (이때 객석 수는 공연장의 좌석 수 × 총 공연 횟수이다.) 그러나 공연장의 표가 모두 매진된다고 기대할 수는 없다. 즉, 100퍼센트 다 팔리긴 힘들다. 그래서 기획사들은 대체로 유료 관객이 40~60퍼센트 정도 들 것으로 예상하고 티켓 가격을 결정한다. (물론 공연에 따라 다르다. 연극이나

반전의 경제학　　　　　　　　　　　　　　　　　　　　162

클래식 음악보다 뮤지컬의 경우는 유료 관객 비중이 더 높을 것이다.)

제작비는 개런티, 배우와 스태프 인건비, 항공료, 숙박비, 무대 세트 제작비 및 운반비, 홍보 마케팅 비용 등으로 구성된다. 70~100명이 초청되는 해외 오케스트라의 경우 개런티보다 호텔 숙박비와 항공료가 더욱 큰 비중을 차지한다. 브로드웨이 뮤지컬이나 유럽 유수의 오페라 극장 프로덕션을 통째로 들여오는 공연은 무대 세트 운반비가 엄청나게 든다.

제작비가 많이 든다고 해서 티켓 가격을 무한정 높일 수는 없다. 일반인 상대의 유료 티켓은 가격이 조금만 높아도 판매가 크게 줄어들기 때문에 적정 수준에서 결정해야 한다. 예외는 기업에서 마케팅용으로 뿌리는 티켓이다. 게다가 기업체의 협찬을 받는 공연의 경우는 기획사가 의도적으로 티켓 가격을 올리는 일도 많다.

왜 제작비 협찬을 받는데 티켓 가격이 높아지는 걸까? 기업에서 협찬을 받을 경우 그 협찬금의 30~40퍼센트에 해당하는 액수의 티켓을 기업에 주는 것이 관행이다. 따라서 가급적 가격을 올려야 협찬으로 나가는 티켓의 비중을 줄일 수 있고, 일정 비율의 티켓을 후원 기업에 할당하면 협찬이나 지원액의 규모를 늘릴 수 있기 때문이다.

이처럼 후원 기업이 있는 경우 일반인에게 유료로 판매하는 객석은 더욱 줄어들 수밖에 없다. 일부 기획사에서 남은 좌석 수로 총제작비를 나누기 때문에 티켓 가격이 오히려 올라간다는 것이다. 실제로 뮤지컬 기획사들은 기업 협찬을 '별도 수입'으로 계산하는 것을 관행으로 여기고 있다.

50

오타쿠 문화와
갈라파고스 기업

일본 기업의 강점은 무엇일까? 일본 산업 전문가들의 의견은 '모노즈쿠리物作り(혼이 담긴 고도의 제조 능력)'에 그 비밀이 있다고 입을 모은다. 현장에서 꾸준히 기술과 노하우를 연마하며 경쟁사가 따라올 수 없는 독특한 기술을 축적하는 능력을 일컫는 말이다. 일본 기업이 만든 고품질의 부품이나 소재는 첨단 기계부터 자동차, 전기·전자 등에 이르기까지 다양한 분야에서 세계의 산업을 뒷받침하고 있다. 미국항공우주국NASA도 중요 부품을 일본에서 조달할 정도다. 평판 TV, 하이브리드 자동차, 전기 자동차, 태양전지, 각종 반도체, 초심해 원유 개발 장비 등 일본의 부품 및 소재가 없다면 세계 선진국 산업의 존립 자체가 어려울 것이다.

일본 부품 업체 중에는 세계 시장의 절반 이상을 지배하는 기업도 많다. 하지만 미국의 인텔처럼 높은 수익률을 내지는 못한다. 완성품 업체도 사정은 마찬가지다. 소니는 자사의 아성이었던 개인용 음악 장치 시장을 애플에 내줬다. 애플은 하드웨어 제조 분야에서는 뚜렷한 강점이 없고 아웃소싱에 의존한다. 하지만 자사의 소프트웨어 개발력으로 수많은 콘텐츠 기업을 활용하는 개방형 비즈니스 모델을 구축했다.

이렇게 된 이유는 기업 조직 문화의 개방성과 관련이 있다. 일본 기업은 CEO가 현장 파악은 잘하지만, 그 강점을 활용하는 글로벌 마인드는 부족한 경우가 많다. 일본 제조업체는 기술자 출신의 경영진이 대부분이다. 우수한 기술자가 경영진으로 승진하는 기업 문화를 갖고 있다. 경영을 잘 모르는 '기술 오타쿠(御宅: 한 분야를 깊게 파고드는 마니아)'가 방대한 조직을 운영함으로써 비효율을 낳는 것이다.

'기술 오타쿠'에 지나치게 집착하면 세계 시장 수요에 눈높이를 맞추지 못하고 고립된다. 이런 일본 기업의 모습은 대륙과 떨어져 독특한 생태계를 형성한 태평양의 갈라파고스섬에 비유할 수 있다. '갈라파고스 신드롬'은 일본 시장이 계속 성장한다면 크게 문제 되지 않을 수도 있다. 하지만 일본 시장이 인구 감소로 인해 축소되고, 그들의 고급 제품을 소비할 다른 선진국 시장 역시 급격히 둔화하면 어려움에 직면할 수밖에 없다.

21세기 글로벌 시장에서 살아남으려면 한층 개방적이고 다른 나라의 수요에 탄력적으로 대응하는 기업 문화가 필요하다. 이런 점을 외면한다면 기술력 강한 일본 기업도 도태될 위험이 있다는 사실을 인지해야 한다.

51 | 유럽의 무슬림화: 유럽에서 유라비아로

 프랑스나 영국의 학교에서 가끔씩 아랍계 여학생들이 쓰고 다니는 히잡 때문에 문제가 생기곤 한다. 왜냐하면 학교에 따라서 교복이 있는 경우도 있고 히잡을 금지하는 경우도 있기 때문이다. 또한 학생들 사이에서 히잡을 쓴 여학생은 놀림의 대상이 되기 십상이다. 그러나 앞으로는 이런 문제가 점차 사라질지도 모른다. 아랍계 주민의 비중이 점차 증가하고 있기 때문이다.

 이러한 인종 간 갈등 문제는 미국에서도 흔히 발생한다. 그런 미국에서도 백인의 비중은 점차 줄고 아프리카계, 아시아계, 히스패닉계 등 유색 인종의 비중이 절반을 넘어서고 있다. 특히 히스패닉계의 증가율은 눈에 띌 정도로 빠르게 늘어나고 있다.

무슬림 인구는 2025년이면 유럽 인구의 약 10퍼센트로 늘어날 것으로 예상된다. 물론 가장 큰 원인은 무슬림 인구의 빠른 증가세 때문이다. 무슬림 국가로부터의 이민이 계속되고 있는 데다 무슬림의 출산율이 유럽 현지인보다 높아 인구가 상대적으로 빨리 증가하는 것이다. 프랑스에선 신생아 4명 가운데 1명이 무슬림계인 것으로 나타났다. 독일이나 영국의 경우는 무슬림계가 3퍼센트 정도를 차지하지만 프랑스의 경우는 이미 10퍼센트에 달한다. 파리에선 몽마르트르 언덕이 있는 18구가 '무슬림 지역'으로 꼽힌다. 이곳에는 아랍계 노래만 판매하는 음반 가게,《코란》을 비롯한 이슬람 종교 서적만 파는 서점도 있다.

이처럼 이슬람의 영향력이 커지고 있는 현상을 빗대어 유럽이 '유라비아Eurabia'로 변화하는 중이라고 냉소적으로 말하는 사람들이 늘어나고 있다. 그리고 유라비아의 수도는 '런더니스탄Londonistan'이라는 신조어가 생기기도 했다. 그 정도로 오늘날 유럽은 정체성 위기를 겪고 있다.

21세기가 끝날 즈음이면 유럽에서 무슬림이 비非무슬림을 추월할 것이라는 전망이 지배적이다. 무슬림의 인구 비중이 늘어난다는 것은 그들의 표를 얻지 못하면 선출직 의원에 뽑힐 수 없다는 걸 의미한다. 이미 런던과 파리 외곽에는 무슬림이 집단적으로 모여 사는 공동체가 형성돼 있다. 유럽 특유의 다문화주의multi-

^{culturalism} 덕분이다. 그러나 경제가 침체기에 들어서고 사회가 불안
해지면 프랑스 대도시 교외 지역에서는 특히 무슬림계의 시위·방
화 등 소요 사태가 끊이질 않는다. 한동안 런던을 발칵 뒤집었던
테러 사건, 파리 공연장에서의 총격 사건 등 무슬림계와 기존 백
인 사회의 내재된 갈등은 쉽게 폭력적으로 번지는 경향이 있다.

그뿐만 아니라 표면적인 폭력적 갈등보다 조용한 사회문화
적 변화를 우려하는 목소리도 높다. 최근의 통계를 보면 적어도
10만 명의 프랑스와 영국 시민이 이슬람교로 개종했다. 이제는
이슬람계가 단순히 인구의 증가를 넘어서 사회적 영향력을 확대
해 이슬람의 문화와 종교가 유럽의 기존 백인 사회에 점차 뿌리
를 내리고 있는 것이다.

52

뉴욕 통근 열차는
1분씩 늦게 출발한다

뉴욕시 통근 열차에는 소수의 내부 직원들만 아는 비밀이 있다. 열차가 사실은 1분씩 늦게 출발한다는 것이다. 예를 들어 8시 14분에 맨해튼의 그랜드센트럴역을 출발한다고 스케줄표에 나와 있어도, 실제 열차 출발 시각은 8시 15분이다. 분초를 지키는 열차 서비스로선 엄청난 '오차'가 매일 발생하는 셈이다. 대부분의 승객은 모르는 이 늑장 출발의 관행은 지난 수십 년간 지속되었다. 그런데 이러한 늑장 출발 서비스를 하는 이유는 막판에 헐떡이며 가까스로 열차에 뛰어오르는 승객을 위한 의도적 배려 때문이다.

하루 900량에 달하는 뉴욕발 통근 열차는 놓치면 최소 30분을 기다려야 한다. 따뜻한 저녁을 가족과 함께 먹을 수 있느냐 없느냐를 1분이 가를 수도 있다. 역 계단을 허겁지겁 뛰어내려 기차에 오른 뒤 '운이 좋았다'며 웃음 짓는 승객 뒤에는, 실은 시계와 달려오는 승객을 번갈아보며 출발을 늦추는 승무원의 의미심장한 미소가 있는 것이다.

맨해튼에서 목수 일을 하는 한 뉴요커는 자신의 경험담을 이렇게 전했다. 오후 8시 22분 출발하는 뉴욕시 북쪽의 브루스터행 열차 뒤칸에 재빨리 올라탄 뒤 시계를 보니 8시 23분이었는데, 그러고 나서 다시 10초가 지난 후 열차가 출발했다는 것이다. 나중에 늑장 출발의 비밀을 알고 그는 감동하지 않을 수 없었다고 한다.

그랜드센트럴역에서 열차 운행 책임자로 있던 한 직원에 의하면 자신이 일을 시작한 1970년에도 이런 1분 늑장 출발을 시행하고 있었다고 한다. 그에 따르면 이 관행은 1870년 이후 지속해왔고, 앞으로도 영원히 계속될 것이다. 하지만 뉴욕 그랜드센트럴역의 안내원에게 물어보면 여전히 "스케줄 시각에 맞춰 정확히 출발한다"는 대답이 돌아온다. 뉴욕 통근 열차는 예외 없이 정시 출발한다는 것이다. 전광판에도 출발 시각이 되면 즉각 '출발했다departed'는 표시가 뜬다.

이런 지각 출발은 시카고·로스앤젤레스·샌프란시스코 등 다른 대도시에는 존재하지 않는다. 뉴욕 메트로-노스 Metro-North 철도의 대변인은 "모든 사람이 이 '숨은 1분'을 알면 게으름을 피우게 될 것"이라며, 이를 보도하려는 <뉴욕타임스>에 "우리 비밀을 공개하지 말아달라"고 정중하게 부탁했다고 한다.

　지금까지의 주류경제학은 경제 주체가 조금도 실수하지 않고 이익을 극대화한다는 전제하에 이론을 구축해왔기 때문에 그들의 경제 행위를 정확하게 예측할 수 있었다. 그러나 보통의 인간들은 조금씩 틀리기도 하고 실수도 하며 늦기도 한다. 모든 면에서 정확하게 행동하는 건 인간이 아니라 로봇일 것이다. 앞으로 경제 이론이 현실성을 가지려면 때때로 실수하는 불완전한 인간, 즉 '휴머니즘을 겸비한 경제적 인간 Homo Ekonomikus cum Humanismus'을 대상으로 해야 할 것이다.

　예컨대 1분 정도의 늦음을 아무도 모르게 양해하고 배려하는 이타적 경제 행위를 다루어야 한다. 그러기 위해선 휴머니즘을 중시하는 인간의 경제 행위를 대상으로 경제 모형을 구축하는 일이 중요하다.

53 메세나와
출판 문화

메세나^{mecenat}란 기업의 문화 및 예술 분야에 대한 지원을 뜻하는 프랑스어다. 어원은 고대 로마 제국의 아우구스투스 황제 통치 때 시인 베르길리우스^{Publius Vergilius}와 호라티우스^{Quintus Horatius} 등 문화예술가들의 창작 활동을 적극 후원했던 마에케나스(Gaius C. Maecenas, BC 67 ~ AD 8)의 이름에서 비롯되었다.

이후 역사적으로 대표적인 예술 후원 활동은 르네상스 시대 피렌체의 메디치가家를 빼놓고 얘기할 수 없을 것이다. 메디치 가문은 몇 대에 걸쳐 미켈란젤로, 레오나르도 다빈치, 라파엘로 등 천재적인 예술가들을 후원했다. 미국에서는 1967년 뉴욕에서 기업예술후원회가 발족하면서 '메세나'라는 용어를 처음 사용했다.

이후 각국의 기업인들이 메세나 협회를 설립하면서 '메세나'는 각종 예술에 대한 지원 및 후원 활동을 통틀어 일컫는 말로 쓰이게 되었다.

한국에서는 1994년 경제와 문화예술의 균형 발전에 이바지하기 위한 목적으로 한국메세나협의회가 발족했다. 한국메세나협의회는 창립 이후 1기업 1문화 운동, 문화예술 체험 모임 등을 꾸준히 전개해왔다.

최근에는 한국뿐만 아니라 전 세계적으로 출판 시장이 위축되고 있다. 이러한 출판 산업을 활성화하는 데도 메세나 운동이 도움을 줄 수 있을 것이다. 메세나의 활동을 음악이나 미술 분야뿐 아니라 출판 문화 사업으로 확장할 필요가 있다. 그 이유를 몇 가지 생각해보자.

첫째, 책 읽기의 중요성을 들 수 있다. 지금은 유튜브 같은 비주얼 영상 매체가 대세다. 신문이나 도서의 유용성은 떨어지고 시각적 동영상으로 정보와 지식을 얻는다. 즉, '읽는 문화'에서 '보는 문화'로 이행하고 있는 것이다. 그러나 시각으로 접하는 지식은 대개 수동적이다. 반면, 독서를 통한 지식의 습득은 적극적인 행위이며, 상상력을 자극하고 생각하는 힘을 이끌어낸다. 책을 많이 읽는 학생들이 대체로 성적은 물론 창의력도 뛰어난 이유

다. 따라서 출판 시장은 청소년의 장래를 위해서도 대단히 중요
한 분야다.

둘째, 서적은 공공재public goods이면서 동시에 가치재merit goods다.
경제학적으로 분석해보면, 공공재의 특성은 사회적으로 바람직
한 산출량보다 적게 생산되는 것이 보통이다. 그 이유는 사회적
공익social benefits의 크기를 작게 평가하기 때문이다. 따라서 양서는
사회적으로 최적인 도서량▦보다 적게 출판된다. 그러므로 공공
의 지원이나 메세나 같은 활동을 통해 출판 산업을 후원하는 제
도가 필요하다.

셋째, 다른 부문에서도 그렇듯 출판 시장의 양극화는 심각한
문제다. 영화 시장에서 블록버스터에 의해 독립영화가 구축crouding
out되는 것처럼, 출판 시장에서도 대중의 인기에 영합하는 서적이
범람하고 양서의 출판은 제약을 받는다. 그렇기 때문에 양서의
출간을 사회적으로 독려해야 한다.

가장 기본적인 문화의 뿌리는 스토리텔링story telling에 있다. 이야
기의 힘이 문화적 가치를 낳고 또한 경제적 부가가치를 부산물로
양산하게 되는 것이다. 좋은 예가 바로 조앤 롤링Joan K. Rowling의 '해

리 포터' 시리즈다. 이야기에 대한 투자는 마치 과학에서 응용 분
야보다 기초과학에 투자하는 것과 같다. 이것이 바로 문화 선진
국으로 가는 지름길이다.

54 │ 주민은 없고 관광객만 남은 도시: 베네치아

최근 지구 온난화 때문에 세계 각지에서 홍수와 가뭄이 빈번해지고 있는 가운데 물 위의 도시 베네치아는 홍수로 바닷물이 범람해 도시 전체가 침수되는 일이 더 자주 생기고 있다. 물의 도시이자 찬란한 역사를 간직한 베네치아는 점차 디즈니랜드 같은 관광지로 변해가고 있다. 원래 거주민인 이탈리아 사람들이 점차 내륙으로 이주해 관광객만 넘쳐나기 때문이다. 홍수의 범람이 잦아질수록 주민들의 탈출은 더욱 가속화할 것이다.

베네치아의 주민은 갈수록 감소하고 있다. 20세기 중반에는 17만 5000명이었던 인구가 1960년대에는 12만 명 정도로 줄었고, 21세기에 접어들어서는 6만 명도 채 안 된다. 2007년에는 마지막 유치원이 문을 닫았을 정도다. 학부모들의 항의에도 불구하고 문을 닫은 유치원은 호텔로 탈바꿈했다. 주민들이 살던 아파트 가운데 700개 이상의 건물도 이미 B&B(숙박과 아침 식사를 제공하는 민박) 같은 형태의 시설로 바뀌었다.

시 당국은 2050년이면 원주민이 한 명도 없는 도시가 될 것이라는 우울한 전망을 내놓기도 했다. 문제는 주민들이 떠나면서 이들을 위한 편의 시설도 점차 사라지고 있다는 사실이다. 생필품을 팔던 가게들이 없어지고 그 자리에 기념품점이 즐비하게 늘어섰다. 주민들에게 가장 필요한 정육점이나 빵집, 잡화점 등도 찾기가 어렵게 되었다.

게다가 치솟는 집값도 주민들의 거주를 어렵게 만들고 있다. 100제곱미터(약 30평)짜리 아파트의 가격이 100만 유로를 훌쩍 뛰어넘었다. 시 당국은 주민들의 이주를 막기 위해 각종 주거 안정책을 내놓고 있지만 '탈脫베네치아' 추세를 뒤집기엔 역부족인 듯싶다. 그나마 코로나19 팬데믹 사태 이후에는 관광객들의 발길마저 멈춰 더욱 답답한 상황이 되어버렸다.

55

수치로 본
인간의 삶

2007년 영국의 한 TV 채널에서 <휴먼 풋 프린트^{Human Foot Print}>라는 프로그램을 방영했다. 한 인간이 지구상에 머무는 24억 7557만 6000초 동안 일상적으로 하는 일들을 수치로 정리해 보여준 프로그램이다. 프로그램을 제작한 프로듀서는 3년 전 주점에서 맥주를 마시던 중 문득 '내가 평생 마시는 맥주를 전부 합하면 수영장 몇 개를 채울 수 있을까'라는 의문이 들어 무려 2년 동안 온갖 통계치를 모았다고 한다. (아래의 수치는 당연히 영국인 기준이다.)

보통 사람들은 평생 1억 2320만 5750개의 단어를 말한다. 하루에는 남자가 평균 2000~4000단어, 여자가 평균 6400~8000단어를 쓴다. 또 평생 7163회의 목욕을 하며, 4239롤의 화장지를 소비한다. 평균 533권의 책을 읽고, 2455일치 신문을 읽고, 10만 4390회의 꿈을 꾼다. 평생 걷는 거리는 2만 4887킬로미터, 자동차 운전 거리는 72만 8492킬로미터, 자동차용 휘발유 소비량은 12만 리터에 달한다.

먹는 양을 따져보면 사과 5272개, 소 4.5마리, 닭 1201마리, 돼지 15마리, 토마토 2327킬로그램, 당근 1만 800개, 홍차 7만 4802잔, 우유 9120리터에 달한다. 맥주는 5900리터, 포도주는 966리터를 마시고, 담배는 7만 7000개비를 피운다. 그리고 약 70리터 분량의 눈물을 흘리며, 눈을 깜빡거리는 횟수는 4억 1500만 번이나 된다고 한다. 또 1700명의 친구를 사귀며, 섹스 횟수는 4239회다.

프로듀서는 이러한 수치에서 특별한 메시지를 찾기보다 사람들이 살아가는 삶에 대해 새롭게 생각할 수 있는 계기를 마련하기 위해 이 프로그램을 제작했다고 한다.

한국인의 관점에서 이러한 통계를 낸다면 영국인의 평균적인 수치와 얼마나 다를지 꽤 궁금하다.

56

금본위제도 정착과
뉴턴의 계산 실수

영국에서 금본위제도가 제도적으로 정착한 것은 1821년의 일이다. 그 이전까지 영국은 금과 은을 함께 사용하는 복본위제 bimetallism를 채택하고 있었다. 하지만 여러 가지 이유로 은이 해외로 유출되었고, 이러한 은 유출 현상을 막지 못해 어쩔 수 없이 금만을 사용하는 금본위제가 정착하게 된 것이다.

사정이 이렇게 된 배경에는 1717년 당시 조폐국장을 맡고 있던 위대한 물리학자 아이작 뉴턴Isaac Newton이 있었다. 뉴턴은 은의 대외 유출을 막기 위해 금화를 평가 절하했지만 그 비율을 잘못 계산했다. 그 때문에 애초 의도와 달리 은의 유출을 막지 못함으로써 금본위제가 정착하는 계기를 마련했다는 얘기다. 당시 영국은 경제적으로 번영하고 있었다. 따라서 영국의 제도는 선진적인 것으로 간주되었고, 그 결과 영국의 금본위제가 마치 영국의 번영을 상징하는 것으로 여겨졌다.

이것이 역사적으로 중요한 이유는 비스마르크가 독일을 통일한 직후인 1871년, 독일이 영국을 따라 복본위제를 버리고 금본위제를 채택했기 때문이다. 당시 독일은 금본위제와 복본위제의 장단점을 면밀히 검토한 게 아니라 영국의 금본위제도를 그대로 따라 했을 뿐이다. 그 후 프랑스 등 다른 국가들도 여기에 동참하면서 1870년대에 금본위제도는 국제 통화 체제로 자리를 굳히게 되었다.

뉴턴이 조폐국장을 맡고 나서 금화 주조를 표준화한 덕분에 영국 정부가 1000만 파운드를 절감했다는 연구 결과도 있다. 뉴턴은 56세 때인 1699년부터 약 30년간 조폐국장으로 일하며 통화 유통 질서를 개혁한 바 있다. 특히 실제 금의 가치가 금화의 액면가와 같도록 표준화했다. 뉴턴의 표준화 이전 금화의 무게 분포와 그 이후 주조된 금화의 무게 분포를 수학적으로 복원하기 위한 연구는 주조된 금화의 무게가 정규 분포를 이룰 것이라고 가정했다. 그 결과 뉴턴 이전의 금화는 표준편차가 85밀리그램인 반면, 뉴턴 재임기 금화 무게의 표준편차는 49밀리그램으로 거의 절반 수준으로 줄어들었다는 것을 밝혀냈다.

당시 영국에서는 금화 표준화가 이뤄지지 않아 일부 상인들이 무거운 금화를 축재에 악용하기도 했다. 심지어 조폐국 내부 직원과 공모한 상인들이 무거운 금화를 사들인 다음, 그걸 녹여 새로 가벼운 금화를 주조해 조폐국에 되파는 식으로 남은 금을 챙기는 일이 빈발했다.

현재 우리가 사용하는 동전의 톱니 모양 테두리는 뉴턴이 고안한 것이다. 뉴턴은 금화 테두리에 톱니바퀴 무늬를 넣음으로써 금화를 갈아서 금가루를 빼돌리지 못하게끔 했다.

57

노벨상과 뛰는 놈 위에 나는 놈: 그녀에겐 다 계획이 있었다

시카고 대학의 경제학자 로버트 루카스^{Robert E. Lucas} 교수는 '합리적 기대 가설^{rational expectation hypothesis}'에 관한 이론을 정립해 거시경제 분석의 틀을 바꾸고 경제 정책에 대한 이해를 심화시킨 공로로 1995년 노벨경제학상을 수상했다.

합리적 기대 가설이란 가계, 기업 등 경제 주체는 경제 정책 입안자와 마찬가지로 충분한 정보와 미래에 대한 합리적 기대를 갖고 행동하기 때문에 정부의 재정 및 금융 정책에 한계가 있을 수밖에 없다는 이론이다. 그러므로 시행하기 전 경제 주체들에게 알려진 정책은 실제로 현실화되었을 때 기대했던 효과를 내기 어렵다. 왜냐하면 경제 주체들이 각자의 정보에 따라 미리 정책에 대응해 행동하기 때문이다. 예들 들어 한국은행이 통화 정책으로 효과를 보기 위해서는 통화 공급을 언제 어떤 규모로 할 것인지에 대한 정보를 민간 시장에서 알 수 없어야 한다는 것이다. 만약 그러한 통화 정책 정보를 민간 부문이 사전에 공유한다면, 그 정책은 시장에 영향을 줄 수 없다. 왜냐하면 민간 경제 주체들이 그 정책의 영향을 자신의 투자나 소비 결정에 미리 반영해버리기 때문이다.

이 이론은 공공 투자나 감세 등의 재정 정책과 통화 공급 확대 등의 금융 정책을 통해 경기를 부양할 수 있다는 케인스학파의 경제 이론을 정면으로 비판하는 데서 출발했으며, 가장 중요한 시사점은 정부가 경제 정책을 펼 때 '중립적^{neutral}' 입장을 취해야 한다는 것이다.

그런데 '합리적 기대'의 현실적 중요성을 가장 잘 알고 있던 사람은 루카스 교수가 아닌 그의 전 부인 리타^{Rita}였던 것 같다. 서당 개 3년이면 풍월을 읊는다고 했던가. 그녀는 저명한 경제학 교수와 오랜 세월 같이 살면서 어깨너머로 주워들은 합리적 기대 이론의 내용을 자신의 일상생활에 적용했다. 이혼 소송에 합리적 기대 가설을 응용했던 것이다.

전남편이 노벨경제학상을 타자 그녀는 아마도 루카스 교수보다 더 기뻐했을 것이다. 노벨상 상금 100만 달러 중 절반인 50만 달러를 받을 수 있게 되었기 때문이다. 7년 전 이혼 도장을 찍으며, 그녀는 변호사에게 "아내가 노벨상 상금의 절반을 갖는다"라는 문구를 집어넣도록 한 터였다. 전남편이 노벨상을 받을 줄 이미 다 계산에 넣어두었던 것이다.

5부

비합리적 선택은 어리석은 행동인가

58

경제학자란
누구인가

경제학자란 힘든 직업이다. 토머스 칼라일^{Thomas Carlyle} 같은 영국

경제학자란 힘든 직업이다. 토머스 칼라일$^{Thomas Carlyle}$ 같은 영국 사상가는 경제학자를 냉소적으로 비판하면서 경제학을 '우울한 과학$^{dismal\ science}$'이라 명명한 바 있다. 그렇다! 기업가들은 경제학자가 비용이나 이익을 정확하게 계산하지는 못하면서 한계비용이니 한계수익의 개념으로 이익 극대화 모델을 만든다고 비난한다. 도덕론자나 박애주의자들은 경제학자가 희생 또는 이타주의는 말하지 않고 인간을 이기적 동물로 폄하한다고 공격한다. 정치가들에게 경제학자는 그저 희생 없는 번영은 없다며 이를 유권자에게 각인시키는 역할을 하는 걸림돌이다.

하지만 경제학자란 현실에서 선택의 어려움을 얘기한다. 더 맑

은 공기와 더 빠른 자동차, 더 큰 저택과 더 넓은 공원, 더 많은 일과 더 많은 휴식 사이에서 우리는 선택을 해야 한다. 경제학자는 이 중에서 어느 것이 나쁘다고는 말하지 않는다. 단지 우리가 이 모든 것을 한꺼번에 가질 수는 없다는 사실을 알려줄 뿐이다.

경제학은 선택의 학문이다. 하지만 우리에게 무엇을 선택하라고 지시하지는 않는다. 예측하고 이해하는 데 도움을 준다. 동시에 선택의 결과에 따른 미래에 대해 냉철한 예측을 내놓는다. 하지만 그 예측이 너무 자주 틀린다는 게 경제학자의 비극이다. 좋은 경제학자란 정확한 예측을 내놓는 사람이 아니라, 예측이 틀렸을 때 그 이유를 정치인과 유권자에게 가장 설득력 있게 설명하는 사람이다.

앨프리드 마셜은 직업으로서 경제학을 빈틈없는 논리로 짜인 과학과 인류에게 헌신하는 정신이 조화를 이루는 전문직이라고 보았다. 그래서 그는 경제학자가 지녀야 할 덕목으로 '차가운 머리cool head'와 '따뜻한 가슴warm heart'을 꼽았다. 그는 케임브리지 대학 경제학부에 예리한 과학적 사고력과 넘치는 열정을 겸비한 인재들을 끌어들였는데, 20세기의 대표적 경제학자 케인스가 그중 한 사람이다. 케인스는 대공황으로 위기에 빠진 자본주의 체제를 구원할 수 있는 이론적 토대를 제시했고, 제1차 세계대전 이후 독일과의 협상 대표를 역임할 정도로 실천적인 학자였다. 그뿐만 아니라 주식 투자로 큰돈을 벌고, 러시아 출신 발레리나와 결혼해 세간의 큰 관심을 받기도 했다.

　경제학자의 가장 중요한 과업은 바로 경제 모형^{model}을 통한 이론을 정립하는 것이다. 경제학자는 복잡한 경제 현상을 분석하고 거기에서 일관성 있는 법칙을 이끌어내기 위해 모형을 사용한다. 이러한 모형을 구축하기 위해 가장 먼저 해야 할 작업은 복잡한 경제 현상에서 중요하지 않은 것들을 소거^{消去}해 단순화시키는 것이다. 이런 모델화 작업에서 중요한 것은 가정^{假定}의 역할이다. 가정을 통해 일관성 있는 단순화가 가능하기 때문이다. 필수 불가결한 부분만 남겨두고 나머지는 지운 다음, 그 남겨진 부분을 인과관계가 명확히 드러나도록 추상화한다. 이렇게 추상화한 모형은 결코 현실의 세계가 아니다. 그러나 역설적으로 추상적 모형에 기초한 이론을 가지고 경제학자는 현실의 세계를 더욱 잘 설명할 수 있다.

　명탐정 셜록 홈스나 애거사 크리스티가 창조해낸 에르퀼 푸아로^{Hercule Poirot} 같은 인물의 공통적 특징은 범행 현장에서 좌충우돌하는 식의 조사보다 범행을 추상화한 모형(일종의 가상 시나리오)을 염두에 두고 사건을 논리적으로 해결한다는 점이다. 애거사 크리스티의 작품에는 푸아로가 동료 헤이스팅스에게 이렇게 말하는 대목이 나온다. "자네는 결코 깨닫지 못하겠지만, 눈을 지그시 감고 의자에 깊숙이 등을 기대고 앉아 있는 편이 문제 해결에 보다 가까이 다가설 수 있다네. 그때야 마음의 눈으로 사물을 꿰뚫어 보게 되는 거라네." 푸아로의 이 대사는 현실에 대한 모형화 작업의 의미를 정확하게 보여준다. 경제학자란 이런 점에서 셜록 홈스나 에르퀼 푸아로 같은 탐정인 셈이다.

59

경제학
혁명

    정통 경제학계에서는 현실 문제 해결 능력보다 복잡한 이론에 관한 증명 능력이 더 대접받고 있으며, 현실 문제에 관심을 갖는다 하더라도 정책 참여는 주저하는 분위기가 지배적이다. 그래서 경제학계 밖에서 경제학은 현실과 동떨어진 '진공관 속의 학문'이라는 비판을 받고 있다. 다행히 최근에는 현실적 문제 해결 도구로 경제학을 활용하고, 인접한 다른 학문과의 연관성을 탐구하는 방향으로 나아가고 있다. 현실적 이슈에 참여하고 대안을 제시하는 이른바 '경제학 혁명economics revolution'이 진행 중인 것이다. 과거 '지적 제국주의자intellectual imperialists'라는 별명에 걸맞게 복잡한 통계 분석과 인과관계 증명에 매달렸던 경제학자들이 연구실을 박차고 나와 현실 문제를 파고들기 시작한 것은 컴퓨터를 통한 방대한 자료 분석이 가능해졌기 때문이다.

가령, 미국 캘리포니아주의 건강보험 제도 개선안은 MIT 경제학과 조너선 그루버Jonathan Gruber 교수의 작품이다. 오랫동안 캐나다 의료 정책을 연구해온 그루버 교수는 연방 정부, 주 정부, 고용주, 병원, 보험 회사에 의료 재원을 균등하게 부담시키면 전 주민에 대한 건강보험 가입 정책을 추진할 수 있다는 사실을 입증했다.

또한 빈곤과 후천성면역결핍증AIDS의 상관관계를 밝혀낸 시카고 대학 경제학과의 에밀리 오스터Emily Oster 교수도 경제학 혁명을 이끄는 선두 주자다. 아프리카가 다른 지역보다 에이즈 감염률이 높은 이유는 성적 문란이 아닌 빈곤 때문이라는 점을 밝혀낸 그는 선진국의 에이즈 지원 정책을 빈곤 퇴치 노력과 병행해야 한다고 주장했다.

2019년 노벨상위원회는 "글로벌 빈곤을 완화하는 데 실험경제학적 접근에서 큰 성취"를 이뤄낸 3명의 학자를 경제학상 수상자로 공동 선정했다. MIT의 아브히지트 바네르지Abhijit Banerjee와 에스테르 뒤플로Esther Duflo 그리고 하버드 대학의 마이클 크레머Michael Kremer가 그들이다. 이들의 실험적 접근 연구는 현재 개발경제학에서 지배적인 방법론으로 정립되었다.

이들은 당면한 현실 문제인 빈곤과 싸우는 개발도상국에서 '신뢰할 만한 정책 처방'을 얻는 데 필요한 현장 기반 실험적 연구를 해왔다. 특히 개도국 어린이들의 건강 증진 및 예방의학 그리고 교육 효과 개선 등에서 가장 효과적인 개입 정책이 무엇인지 등을 현장 연구를 통해 실험적으로 밝혀냈다. 거대 담론이 아니라, 실제 현실에서 수많은 사람이 직면하고 있는 빈곤의 양상과 근본적 문제를 들여다보고 이를 실험적으로 분석·연구함으로써 그에 따른 '작지만 실행 가능하고 정교한' 현실적 처방을 제시한 것이다.

60 | 경제 위기에 대한 처방: 긴축이냐, 양적 완화냐

1997년 아시아 외환 위기 때였다. IMF는 한국 등에 구제 금융을 대주며 강력한 긴축 처방을 냈다. 또 고금리와 민영화, 시장 개방 등 거시경제 정책의 전환을 주문했다. 이른바 'IMF 요구 조건'이다. 그 조건이 너무나 가혹해 IMF를 '저승사자'라 부를 정도였다.

그로부터 15년이 흐른 후 IMF가 대변신을 시도했다. 과거와는 완전히 다른 주문을 내놓았기 때문이다. 그 역을 맡은 인물이 크리스틴 라가르드 Christine Lagarde IMF 총재다. 유럽에서 불황의 조짐이 불길처럼 번지자 유럽연합은 독일을 중심으로 긴축 정책을 강력하게 시행했는데, 이를 정면으로 비판한 것이다. 유럽연합으로

부터 재정 긴축을 요구받는 그리스뿐 아니라 추가 긴축안을 마련하고 있는 스페인이나 이탈리아 등에 대해 라가르드 총재는 시간 여유를 갖고 긴축 효과를 따져봐야 한다고 주장했다. 영국 정부에 대해서도 허리띠 졸라매기를 대체할 성장 정책을 강구하라고 권고할 정도였다.

로런스 서머스Lawrence Summers 미국 재무장관은 이러한 IMF의 변신이 세계 경제의 중장기 미래를 위해 중요한 의미를 갖는다고 평가했다. 그는 글로벌 경제에선 두 가지 정책 패러다임이 충돌하고 있다고 생각했다. 하나는 부채 축소를 중시하는 '정통파적 시각'이고, 다른 하나는 경기 부양을 주장하는 '수요 진작론'이다.

IMF는 1982년 남미 외채 위기 이후 약 30년 동안 긴축 진영의 첨병이었다. IMF는 1980년대 초 줄줄이 외채 상환을 미루기로 선언(모라토리엄)한 남미에 강력한 긴축 정책을 처방했다. "방만하게 빚을 끌어다 잘 먹고 잘살아온 남미 국가들의 나쁜 버릇을 고쳐주라"는 월스트리트 대형 은행들의 주문을 등에 업은 것이었다. IMF는 구제 금융을 대준 대가로 엄격한 거시경제 처방전을 내놓았다. 바로 고강도 재정 긴축이었다. 그리고 공기업 민영화, 각종 규제 완화, 자본·외환 시장 개방 등의 주문을 곁들였다. IMF 고문이었던 영국 경제학자 존 윌리엄슨John Williamson이 1989년 이름 붙인 이른바 '워싱턴 컨센서스'다. 노벨경제학상을 수상한 조지프 스티글리츠^{Joseph Stiglitz} 컬럼비아 대학 교수 등이 긴축 처방을 강력하게 반대했음에도 워싱턴 컨센서스에 따른 정책은 견고하게 유지되었다.

그러나 미국은 2008년 금융 위기가 닥치자 긴축은커녕 제로 금리와 재정 확대 등 경기 부양에 적극 나서며 극단적 양적 완화^{quantitative fasing} 정책을 내놓았다. IMF를 주도하는 미국이 정작 위기에 빠지자 긴축을 회피하고 확대 정책으로 선회한 것이다. 미국은 자가당착에 빠졌지만 달러의 발권국^{發券國}으로서 눈도 깜짝하지 않고 확대 정책을 밀어붙였다.

이후 유럽이 경제 불황의 늪으로 빠져들자 라가르드 IMF 총재는 기존의 대처 방식에서 벗어나 미국의 길을 따랐다. 세계 경제의 중심인 미국이 금융 위기에 봉착함으로써 워싱턴 컨센서스가 용도 폐기의 수순을 밟게 된 것이다.

61

경제 위기는
어떤 사회적 후유증을 남기는가

경제 위기는 많은 경우 과도한 재정 지출 때문에 생긴다. 경제적 포퓰리즘이 대표적이다. 선거에서 표를 얻기 위한 복지 확대 같은 정책을 계속하다 보면 필연적으로 재정 적자가 날 수밖에 없다. 재정 적자를 무한정 확대하는 건 불가능하므로 언젠가는 복지 혜택을 줄일 수밖에 없고, 그러면 전반적인 정부 지출을 삭감하면서 경기가 위축되고 '소비 침체→경기 침체→성장률 하락'의 연쇄적인 부작용이 생긴다. 따라서 서민의 삶은 더 팍팍해지고 정치권과 정부에 대한 불만이 폭발한다.

이러한 경제 위기가 생기면 어떤 사회적 현상이 나타나는지 유럽의 사례를 통해 살펴보자.

1) 의료 시스템 붕괴와 교육 예산 삭감

스페인의 경우 버블 경제가 꺼지자 정부는 재정 적자를 해소하기 위해 공공 지출을 감축했다. 그 결과 공공 부채에 허덕이던 카탈루냐 지방 정부는 2012년 의료 예산을 9000억 유로나 삭감했다. 이 때문에 의료 장비와 의약품이 부족해지면서 대기 환자가 급증했다.

한 환자는 수술을 받기 위해 최소 7개월을 기다렸다. 수술 장소도 병원이 아니라 운영 중인 극장劇場의 빈 사무실이었다. 언제 수술을 받을지 기약이 없자 환자가 건강보험 혜택을 포기하고 개인 돈을 들여 수술을 받기로 했기 때문이다. 담당 의사는 병원 대신 이곳에 의료 장비를 차려놓았다. 의사 월급이 줄어들자 업무 외 시간을 이용해 이렇게 개인적으로 의료 행위를 한 것이다. 경제 위기 이래 70곳의 카탈루냐 병원 중 지방 정부가 정상적으로 운영하는 곳은 8곳에 불과했다.

교육 예산도 삭감되었다. 교육부에서 공립 학교에 화장실 휴지 사용을 줄이라는 공문을 내려보낼 정도였다. 한 달에 학생들이 사용하는 휴지를 1인당 25미터로 제한하라는 내용이었다. 교육 예산이 대폭 줄어든 상황에서 과학 실험 등 일부 교과목 수업이 예산 부족으로 제대로 시행되지 못했다. 학생들이 이처럼 제대로 된 교육을 못 받다 보면 제대로 된 직장을 구하는 게 더 어려워지고 청년 실업률은 더 올라갈 것이라는 암울한 예측이 지배적이다. 현재 스페인의 청년(16~24세) 실업률은 50퍼센트가 넘는다.

2) 문화예술 지원 삭감

이탈리아는 공공 부문뿐만 아니라 문화예술에 대한 재정 삭감이 불가피했다.

나폴리에 있는 카소리아Casoria 현대미술관의 경우, 정부의 예술 부문 예산 삭감으로 소장품의 관리 및 보관에 어려움을 겪었다. 이 미술관의 안토니오 말프레디 관장은 "정부의 무관심으로 소장품 1000여 점이 파괴될 운명에 처했다"며 이에 대한 항의 표시로 소장 작품을 불태우는 시위를 벌이기도 했다.

3) 치안 서비스 악화

2008년 미국발 글로벌 금융 위기 때 직격탄을 맞아 국가 부도 위기에 몰렸던 그리스의 경우는 더욱 황당한 사례다. 예산 삭감으로 경찰관의 인원과 임금이 대폭 줄어들자 지금까지 무료로 제공해온 일부 치안 서비스를 유료로 전환한 것이다. 기업이나 개인이 고액 현금과 미술품, 위험물 등의 수송 경비를 의뢰하면 사설 경비업체처럼 돈을 받고 경찰관을 빌려주었다. 요금은 경찰관 한 명에 시간당 30유로, 경찰차 한 대를 투입하면 시간당 40유로가 추가되었다. 정부 예산 삭감으로 공공재인 치안 업무에 어려움을 겪자 민간 지원 서비스를 불가피하게 유료로 전환할 수밖에 없었던 것이다.

62 | 위기의 경제학: 경제학의 반성

2008년 글로벌 금융 위기가 닥치기 전인 2006년 뉴욕 대학의 누리엘 루비니Nouriel Roubini 교수가 미국 금융 체제와 자산 시장의 구조를 분석해 서브프라임 시장을 필두로 전면적인 금융 붕괴meltdown 가능성을 경고했을 때 대부분의 경제학자는 심각하게 받아들이지 않았다. 경제학자들에게는 그의 논리와 주장이 너무나 이단적인 것으로 보였고, 그걸 뒷받침할 수리 모델이 없다는 게 그 이유였다. 그런데 루비니의 '선정적'인 주장은 상당 부분 적확했다. 그의 주장은 기상천외의 독창성에서 나온 것이라기보다 성실한 관찰자의 꼼꼼한 현실주의에서 비롯된 것이었다.

처음엔 국가 재정의 금고를 불리는 방법에 대한 연구에 불과했던 정치경제학political economy은 18세기에 인간 사회 구조를 관통하는 불변의 자연법적 질서를 찾아내는 학문으로 바뀌었다. 중상주의와 중농주의를 거쳐 애덤 스미스에 이르러 고전파 경제학에서 완성한 이러한 논리를 보면, 시장 경제는 스스로 완벽한 균형과 안정성을 갖춘 독자적 질서이며, 따라서 경제의 균형과 번영은 보장된다. 시장의 완벽성에 대한 이런 신앙은 이후 20세기까지 더욱 강화되었다.

자본주의 시장 경제에 내재한 이런 법칙이 완벽한 조화가 아닌 위기라고 주장하는 '위기의 경제학'은 이미 19세기부터 존재했다. 시장주의자들이 신봉하던 "수요와 공급은 반드시 일치하게 되어 있다"는 이른바 '세이의 법칙Say's Law'엔 모순이 있으며, 자본주의의 소득 분배 구조상 유효 수요effective demand가 필연적으로 부족할 수밖에 없으므로 위기와 공황은 불가피하게 나타난다는 비판은 카를 마르크스에 의해 구체화되었다. 그는 자본주의의 위기가 도래할 필연성을 수요보다는 생산 조직에서 찾고자 했다. 자본 축적이 계속되어 기계류 및 자본 장비의 투입이 과도해지면 노동자로부터의 잉여 가치surplus value 창출 비율이 줄어들면서 이윤율이 필연적으로 저하하고 투자와 축적이 둔화하는 경향이 존재한다는 것이었다.

하지만 20세기에는 이렇게 '실물' 부문에서 자본주의 불안정성의 원인을 찾으려는 '위기의 경제학'이 퇴조를 맞는다. 총수요 관리 정책을 앞세운 국가의 경제 개입으로 유효 수요를 창출해낼 수 있다고 믿게 되면서 과소 소비의 문제는 뒷전으로 밀려났다. 대신 위기의 경제학은 실물이 아닌 '금융' 부문에서 자본주의의 불안정성을 찾게 되었다. 20세기 들어 거대한 규모로 자본 시장이 발전하자 공고하게 잘 짜인 금융 체제는 생산과 분배 그리고 소비 전체를 컨트롤하는 영역이라는 인식이 널리 퍼졌다.

케인스는 이 점을 가장 투철하게 인식한 경제학자 중 한 명이었다. 그런데 케인스가 죽은 후 특히 미국에서 국가가 적절히 개입하기만 하면 오히려 시장 경제의 더 완벽한 작동을 보장할 수 있다는 주장이 제기되었고, 케인스의 '위기의 경제학'은 자본주의를 새롭게 되살리는 계기가 되었다. 이를 수정자본주의라고 부른다. 이때부터 금융의 본질인 투기성에서 자본주의의 본질적 위기 가능성을 찾는 작업이 이루어졌다.

자본주의 금융 시장은 필연적으로 불안정성을 내포하고 있으며 그 때문에 금융 위기가 생겨날 경우 부채 디플레이션의 형태로 만성적 공황이 일어날 것이라는 주장이다. 금융자본주의는 시간이 지남에 따라 과도한 부채에 의존하는 폰지*ponzi* 상태가 될 수밖에 없으며, 이러한 금융 부문의 필연적 불안정성이라는 20세기 후반의 '위기의 경제학'은 주류 경제학 이론과 양립할 수 없었다. 루비니 교수는 미국 금융 체제의 탐욕이 지구화의 물결을 타고 어떻게 많은 나라의 금융 체제를 차례로 '오염'시켰는지 분석하며, 자산 가격의 '거품'과 그 붕괴의 필연성을 설명했다.

한편 '위기의 경제학'의 줄기를 또 다른 방향에서 찾을 수도 있는데, 그것은 바로 미국 경제학자 소스타인 베블런Thorstein Veblen으로부터 시작된 제도주의Institutionalism 전통이다. 그는 《유한계급론Theory of Leisure Class》의 저자로 유명하지만 《영리 기업의 이론The Theory of Business Enterprise》이라는 저서에서 기업의 금전적pecuniary 자본 축적 논리가 어떻게 일방적인 자산 시장의 인플레이션으로 이어지는지, 그리고 금융 체제의 유동성 공급이 이것과 결합한 결과 현실의 경기 변동이 어떻게 나타나는지에 대한 일관된 논리를 개진했다.

베블런이 이러한 과정을 이해하는 키워드로 제시한 것은 탐욕과 무지라기보다 사회 전체의 생산력을 독점하고 지배하려는 영리 기업 부문 전체의 '권력'이다. 따라서 그는 금융 부문이 사회 전체에 대해 누리는 부당한 권력 구조 자체를 개혁하는 것이 중요하다고 주장했다.

63 | 주류 경제학자들에 대한 여왕의 훈계

경제학이 금융 위기 예측에 무능했던 것은 경제학의 여러 부문이 저마다 자기만의 성城에 갇혀 서로 소통하지 못한 점도 일조했다. 경제학자들은 금융 위기의 책임을 피해갈 수 없다. 지난 20년 동안 경제학자들은 금융을 모르고 재무 이론가들은 거시경제를 등한시하는 과정에서 실물과 금융의 연관 관계가 하나의 블랙홀로 남아 있었다. 거시경제학자와 금융경제학자들이 금융 위기를 초래하는 데 일조하고, 위기를 예측하는 데 실패할 수밖에 없었던 이유다. 경제학자들은 경제 위기가 도래하는 상황에서 왜 아무도 휘슬을 불지 않았는지 반성해야 한다. 그들의 이론이 틀렸거나, 그들의 예측 모델이 작동하지 않았기 때문이다.

한 가지 재미있는 사실은 세계 경제 위기가 닥쳤을 때 영국 경제학자들이 엘리자베스 2세 여왕에게 자신들의 실책과 무능에 대해 사과하는 편지를 보냈다는 것이다.

엘리자베스 여왕은 2008년 11월 런던 정경대를 방문해 "왜 아무도 위기를 예견하지 못했나"라는 질문을 던져 경제학자들을 몹시 당황하게 만들었다. 영국학술원은 이 질문에 답하기 위해 2009년 6월 경제학자, 재계, 정부 당국자를 모아 토론회를 열었다. 그리고 한 달 후 여왕에게 자신들이 "위험한 부채를 관리할 수 있고 금융 시스템을 오류 없이 지켜낼 수 있다고 믿었지만 이는 과신에 근거한 희망 섞인 전망이었으며, 위기가 얼마나 큰 규모로 언제 찾아올지 예측하지 못한 것은 경제 시스템의 전체적인 위험성을 이해할 만큼 집단적 창의성을 발휘하지 못했기 때문"이라는 3쪽짜리 반성문(?)을 제출해야만 했다.

64

개혁 없는 복지는
가능한가

　글로벌 경제 위기를 겪으면서 복지를 지향하는 유럽 국가들이
극명하게 두 그룹으로 나뉘었다. 모두 '고高복지'를 지향하는 나
라들이다. 하지만 북유럽은 성공하고, 남유럽은 실패했다. 어떤
차이점이 북유럽과 남유럽 복지의 운명을 갈라놓은 것일까? 이
문제에 대해서는 세 가지 관점에서 비교해볼 필요가 있다.

　첫째는 투명성의 차이, 둘째는 산업 기반의 차이, 셋째는 개혁
을 병행하는 복지와 개혁 없는 복지의 차이를 들 수 있다. 이런 차
이가 복지·경제 발전이 선순환하는 북유럽식 '생산적 복지'와 지
속 가능성이 떨어지는 남유럽식 '소비형 복지'로 귀착되었다.

투명성 대 포퓰리즘

북유럽 국가들이 고복지·고부담 정책을 성공적으로 펼칠 수 있었던 것은 공공 부문의 높은 투명성과 효율성 덕택에 국민이 정부에 대한 강한 신뢰를 갖고 있기 때문이다. 실제로 국제투명성기구Transparency International의 '2010년 투명성지수(부패인식지수)'를 보면 북유럽 복지 국가들이 상위권을 휩쓸고 있다. 총 178개국 중 덴마크가 9.3점으로 1위, 핀란드와 스웨덴이 공동 4위(각각 9.2점), 노르웨이가 10위(8.6점)다.

반면 남유럽 국가들은 스페인 30위(6.1점), 이탈리아 67위(3.9점), 그리스 78위(3.5점)로 하위권이다. 불투명한 사회의 국민과 정치인은 복지를 정치적 '나눠 먹기'로 여기고, 그 결과 복지는 선거용 포퓰리즘으로 이어지기 쉽다.

탄탄한 지식·제조 산업 대 취약한 산업 기반

북유럽 국가는 탄탄한 제조업과 지식 서비스 기반을 가진 '산업 강국'이다. 북유럽 국가들은 고부가가치 산업을 통해 안정적인 소득을 창출해냄으로써 고복지에 필요한 고부담, 즉 높은 조세를 버텨낼 수 있다. 스웨덴은 사브(군수·항공), 핀란드는 노키아(통신), 덴마크는 노보노디스크(제약) 같은 경쟁력 있는 기업들이 복지 모델을 지탱했다.

반면 남유럽 국가는 관광·서비스가 중심이고 자영업의 비중이 매우 높다. 몇 안 되는 글로벌 기업들마저 연구 개발$^{R\&D}$은 서유럽·미국, 생산은 중국으로 아웃소싱하면서 일자리가 해외로 유출되고 있다. 이 때문에 고복지에 따르는 고부담 정책을 펼칠 여력이 없고, 결국 빚에 의존한 복지로 막대한 재정 적자를 떠안을 수밖에 없다.

개혁 병행 복지 대 개혁 없는 복지

북유럽과 달리 남유럽의 복지는 갈수록 분배 악화에 시달리고 있다. 연금 중심의 복지 덕분에 일부 계층은 많은 혜택을 받고 있지만, 대다수는 고용과 복지 모두에서 소외당하고 있다. 특히 청년층은 고용 불안과 고령화로 인해 세금 부담도 커지고 있다. 북유럽 국가들은 경쟁력 있는 복지 국가를 위해 지속적인 사회·경제적 개혁을 거쳤지만, 남유럽 국가들은 이런 개혁 과정이 없었거나 제대로 이뤄지지 못했다.

스웨덴의 경우 1950년대 이후 중요한 경제적 고비 때마다 정부·기업·노조가 서로 머리를 맞대고 '대타협'을 해 다양한 개혁을 이뤄왔다. 고용과 해고가 비교적 자유로운 유연한 노동 시장을 만들고, 이를 보완하는 다양한 복지를 도입해 사회적 안전망을 구축했다.

반면 그리스·이탈리아·스페인은 정치·경제 시스템과 국가 운영의 효율성을 끌어올리는 개혁 없이 성급하게 복지 제도를 도입했다. 정규직과 비정규직으로 물과 기름처럼 나뉜 노동 시장의 격차가 더욱 커지고 있다.

과연 지금의 한국 사회는 위의 모델 중 어느 쪽으로 가고 있는지 점검해볼 시점이다. 그리고 유럽 복지 국가들의 성공과 실패에서 포퓰리즘에 의한 복지를 경계해야 하는 이유를 배워야 한다.

65

국민연금 꼭 들어야 할까: 밀턴 프리드먼의 견해

국민연금은 반드시 가입해야 하는가? 우리나라 국민연금은 가입율을 높이기 위해 여러 가지 인센티브를 주기도 하고, 다른 민간 연금 저축보다 더 안정적이며 혜택이 크다고 알려지면서 대부분의 사람이 가입하고 있다. 미국에도 우리의 국민연금과 비슷한 소셜 시큐리티social security라는 연금 제도가 있다. 개인의 급여에서 일정액을 연금으로 받기 위해 선납하는 사회 보장 제도다.

그런데 출산율 감소로 젊은 계층이 줄어들고 부양해야 할 노령인구는 증가하면서 젊은이들 사이에 국민연금 가입을 꺼리는 경향이 늘어나고 있다. 앞으로 혜택은 줄고 부담은 계속 늘어날 거라고 생각하기 때문이다. 그럼에도 불구하고 국민연금 가입을 의

무화하는 것이 맞을까.

이에 대해서는 자유주의 경제학의 대부로 불리는 노벨경제학상 수상자 밀턴 프리드먼Milton Friedman 교수의 견해에 귀를 기울여볼 필요가 있다. 20세기의 대표적 경제학자 두 사람을 꼽으라면, 대공황으로 위기에 처한 자본주의를 구한 케인스 그리고 그와 쌍벽을 이루는 프리드먼을 드는 데 주저하는 사람은 없을 것이다. 프리드먼은 1930년대 뉴딜 정책 이후 미국 경제 정책을 주도해온 케인스학파의 '정부 개입' 위험성을 경고하고 개인의 자유가 경제의 근간이어야 한다고 주장하는 이른바 '시카고학파'의 수장首長이었다. 그는 사회적 연금의 의무 가입에 대해서 명쾌하게 문제점을 지적한 바 있다.

국가가 국민에게 의무적으로 연금 가입을 강제할 수 없다는 것이다. 이는 개인의 선택의 자유를 침해하는 것이기 때문이다. 자신의 소득을 현재 소비하는 게 나은지 미래를 위해 저축하는 게 나은지는 개인이 가장 잘 알고 있으므로 자신의 자유 의지에 따라 결정할 수 있어야 한다. 이런 점에서 국가가 개인보다 위에 있어서는 안 되며, 사실상 개인의 선택보다 국가의 선택이 반드시 낫다고 볼 수도 없다.

프리드먼 교수는 더 나아가 의사 수를 제도적으로 규제하는 것은 자유 시장 원칙에 반한다고 주장했다. 미국은 의사 수를 미국

의사협회American Medical Association에서 규제한다. 이는 의사가 적정한 혹은 그 이상의 수입을 보장받기 위해 인위적으로 진입 장벽barrier to entry을 만들어놓은 것이다. 프리드먼에 의하면 이러한 장벽도 철폐해야 마땅하다. 자유로운 의료 행위가 가능해지려면 의료 시장 내에서 치료를 원하는 소비자가 자유롭게 자신이 원하는 의사를 찾아가도록 해야 하고, 실력 없는 의사는 시장에서 도태되어야 한다는 것이다. (물론 의료 행위는 인간의 생명을 다루기 때문에 이렇게 쉽게 얘기할 수 없을지 모른다. 따라서 이런 극단적인 자유주의적 견해를 받아들이기는 현실적으로 쉽지 않다.)

그렇다고 프리드먼이 정부가 아무 일도 해서는 안 된다고 주장한 것은 아니다. 정부나 중앙은행은 시장의 효율성을 저해하지 않는 한 통화를 안정적으로 공급하는 것이 중요하다. 그런 이유로 그를 통화주의자monetarist라 부르기도 한다. 또한 프리드먼이 자유 시장 경제를 옹호한다고 해서 소득의 편차, 소득 분포의 불평등에 따른 양극화 심화 같은 부작용을 모두 용인하는 것은 아니다. 오히려 저소득 근로 계층을 위해 부의 세금negative tax, 즉 일종의 보조금subsidy 도입을 주장하기도 했다.

특히 프리드먼은 오스트리아 출신 자유주의 경제학자 프리드리히 하이에크Friedrich Hayek와 함께 '작은 정부, 큰 시장'을 지향하는 자유시장주의 경제 개혁의 이론적 토대를 제공했다. 정부가 불필요하게 시장에 개입하면 경제를 더욱 어렵게 만들며, 일을 적게 할수록 경제에는 도움이 된다고 생각했다.

그의 신념을 보여주는 명쾌한 사례는 존 F. 케네디 대통령의 취임 연설 중 가장 유명한 대목과 관련이 있다. "조국이 여러분을 위해 무엇을 할 수 있을 것인지 묻지 말고, 여러분이 조국을 위해 무엇을 할 수 있는지 자문해보십시오." 그런데 프리드먼은 이 연설이 잘못됐다고 지적했다. "여러분이 조국을 위해 무엇을 할 수 있는지" 묻는 것 자체가 국가가 개인 위에 군림하는 것을 전제하기 때문이다.

66 | 구글의 공짜
'유기농' 식사

한때 구글을 비롯한 미국 실리콘밸리 기업들의 자랑이던 직원 공짜 식사에 미 국세청IRS이 세금 부과를 검토하면서 논란이 일었다. 구글은 "직원이 행복해야 최고의 생산성을 발휘할 수 있다"는 창업자의 철학에 따라 직원과 방문객에게 공짜로 최고급 유기농 음식을 제공하는 사내 식당을 운영했다. 이어 페이스북·트위터·야후 등도 이를 따라 하면서 실리콘밸리의 문화로 자리 잡았다. 구글의 경우 본사는 물론 전 세계 지사의 120개 식당에서 하루 5만 끼니를 제공했다.

이런 공짜 식사에 대한 과세 논란의 핵심은 이를 '복리후생비'로 봐야 하느냐는 데 있었다. 세법에는 기업이 종업원을 위해 지출하는 복리후생비를 손비損費로 인정해 세금을 부과하지 않는다.

과세론자들은 공짜 식사를 임금의 일부로 봐야 한다고 주장했다. 회사 차량을 개인 용도로 사용하는 경우 세금을 부과하는 것과 마찬가지라는 논리다. 무료 식사는 보상 체계의 일종이므로 명백히 과세 대상이라는 것이다. 이렇게 되면 회사 무료 식당에서 하루 두 끼씩 8~10달러짜리 식사를 하는 직원은 1년에 식대 4000~5000달러에 대한 추가 세금을 내야 한다.

그러나 이는 IT(정보기술)업계의 특성을 무시한 발상이라는 반론도 만만치 않았다. 공짜 점심은 고용주의 편의를 위해 제공하는 것인 만큼 과세 예외를 허용해야 한다는 주장이다. 일반적으로 외딴 곳에 근무하는 직원이나 점심시간을 갖기 어려운 직종에서는 이러한 과세 예외를 적용한다. 마운틴뷰의 구글 본사에서는 적어도 차를 타고 5~10분 나가야 괜찮은 식당을 찾을 수 있다. 실리콘밸리의 IT 기업들은 근무 시간이 상대적으로 많고 실리콘밸리 협업 문화의 특성상 무료 식사는 필수적이라고 주장한다.

67

도박 천국
이탈리아

코로나19 팬데믹이 유럽에 퍼질 때 가장 빨리 대규모적으로 번진 나라가 이탈리아다. 2020년 3월부터 급속히 퍼지면서 전국을 봉쇄lockdown했다. 특히 북부 지방에서 집중적으로 퍼진 데에는 그 지역 도시들이 중국과의 교역이 빈번하고 중국인의 거주가 늘어나면서 자연스럽게 코로나바이러스에 노출된 까닭이다. 그런데 그중에서도 사망률이 가장 높았던 지역은 가죽과 패션 산업의 주요 거점인 베르가모Bergamo와 스트라디바리 바이올린 등 현악기 최고의 명품이 탄생한 곳으로 유명한 크레모나Cremona였다.

몇 년 전 크레모나의 한 타바키tabacchi 주인이 신문 기사에 등장하면서 전국적 유명세를 탄 적이 있다. 타바키는 이탈리아 도시에서 흔히 볼 수 있는 편의점인데, 우리나라와 다른 점이 있다면 대부분 슬롯머신을 갖추고 도박 영업도 한다는 것이다. 그런데 이 타바키 주인은 손님들이 더 이상 도박으로 스스로를 망치는 걸 두고 볼 수 없다며 가장 큰 수입원인 도박 기계(슬롯머신)를 모두 치워버렸다.

중세 시대의 고풍스러운 멋을 풍기는 소도시 베르가모도 역시 도박이 성행하고 있다. 한 타바키에 슬롯머신이 등장하더니 점차 늘어나 100곳이 넘을 정도가 되었다.

이탈리아 전국에는 40만 대 넘는 슬롯머신이 있다. 인구 150명당 1대 꼴인 셈이다. 어느 도시를 가든 어디서나 손쉽게 도박을 즐길 수 있는 나라로 유럽 1위의 도박 천국이다. 경제가 불황에 처하면 도박 중독자를 더욱 양산해 심각한 사회 문제가 되고 있다. 지금은 온라인 도박까지 성행하면서 18세 미만 청소년 도박 역시 사회적 골칫거리가 되고 있다.

매년 열리는 이탈리아 도박박람회는 도박 게임의 최신 유행을 확인할 수 있는 자리인데, 200여 업체에서 신제품을 쏟아낸다. 도박 산업에는 종사자가 12만 명에 달해 이탈리아 국영 석유 회사인 ENI와 세계 굴지의 자동차 그룹 FIAT에 이어 매출액 규모로 세 번째를 차지한다.

역사적으로도 이탈리아는 도박의 뿌리가 깊다. 1530년대 추첨

식 복권인 로또가 탄생한 곳이 피렌체였고, 1630년대 카지노가 처음 등장한 곳이 베네치아였다. 귀족과 도시 부유층이 사교의 장으로 도박을 즐겼다.

이런 이탈리아에서 현대적 도박 산업이 성행하기 시작한 건 2001년부터다. 정부가 그동안 음성적으로 이뤄지던 도박 산업을 합법화하고 세금을 거둬들이기 시작했기 때문이다. 이를 통해 얻는 세금이 90억 유로에 이를 정도다. 게다가 일자리 창출 효과까지 있으니 도박 산업은 한마디로 '황금 알을 낳는 거위'인 셈이다.

도박의 부작용이 불거짐에도 이탈리아 정부는 진퇴양난의 처지에 놓여 있다. 만약 규제를 강화한다면 도박 산업은 음성적으로 이뤄질 게 뻔하고, 또 현실적으로 재정 수익을 포기하기도 쉽지 않기 때문이다.

68 | 부자 증세 논쟁: 고용 보조금 대 누진 소비세

최근 빈부 격차가 커지고, 소득 양극화 현상은 더욱 두드러지고 있다. 미국의 경우 상위 계층 0.1퍼센트가 벌어들이는 개인 소득이 전체 국민소득의 10퍼센트를 넘어서는 등 빈부 격차가 급격히 심화하고 있는 것으로 나타났다. 비슷한 시기에 영국 상위 계층 0.1퍼센트의 소득 비중은 전체의 4퍼센트대, 그리고 프랑스와 일본이 각각 2퍼센트대라는 점을 감안하면 선진국 가운데서도 미국의 빈부 격차는 상대적으로 매우 큰 편이다.

프랑스에서는 올랑드^{F. Hollande} 대통령의 사회주의 정부가 집권하면서 부유세를 신설한 적이 있다. 100만 유로 이상의 고소득자에게 100만 유로를 초과하는 소득에 대해 75퍼센트의 소득세를 부과한 것이다. 그러자 프랑스 국민 배우 제라르 드파르디외^{Gerard} ^{Depardieu}가 상대적으로 낮은 세율(14퍼센트)을 부과하는 러시아로 국적을 바꾸어 화제가 되기도 했다. 이 부유세법은 결국 2년 동안 시행한 후 여러 부작용 때문에 폐지되었다.

갈수록 커지는 불평등을 해소하기 위해 부자에게 높은 세금을 물리면 어떨까? 이런 '부자 증세'를 둘러싸고 전 세계적으로 논쟁이 한창이다. 부자 증세에 대해서는 경제학계의 전문가 두 사람의 의견에 귀를 기울여볼 필요가 있다.

노동경제학의 대가로 2010년 노벨경제학상을 수상한 크리스토퍼 피사리데스^{Christopher Pisarides} 런던 정경대 경제학과 교수는 부자 증세에 회의적이다. 높은 세율이 기업가의 혁신적 활동을 저해할 수 있다는 우려에서다. 국가 경쟁력에 필요한 탁월한 관리자나 발명가들이 세율이 낮은 다른 나라로 가려고 할 것이며, 기업가의 활동을 북돋는 인센티브 효과를 유지하면서 동시에 세율을 높이기란 쉽지 않다는 것이다.

그렇다고 불평등을 그냥 방치할 수는 없다. 임금 격차를 해소하지 않으면 자본주의가 붕괴할 수 있기 때문이다. 월스트리트 점령 시위가 이를 반증한다. 피사리데스 교수는 임금 격차 문제는 시장 원리에만 맡겨서 해결될 문제가 아니라면서, 부자 증세 대신 '고용 보조금'을 해결책으로 제시한다.

사회 복지, 의료 등 서비스 업종에 고용 보조금을 지급해 저임금 근로자 채용을 늘리자는 것이다. 기술 발전으로 인해 설 자리가 줄고 있는 비숙련 노동자를 지원하기 위한 정책이다. 그의 연구에 따르면 많은 국가에서 증세는 고용을 줄이지만 보조금은 고용을 늘린다. 독일과 북유럽 국가들이 이러한 방식으로 성공한 사례다. 고용 불평등을 줄이는 민간 기업에 세금 혜택을 주는 것도 대안이다. 저임금 근로자의 임금을 올리면 세금을 깎아주고, 고임금 근로자의 임금을 올리면 세금을 더 물리는 방식이다. 그는 복지 정책은 설계할 때부터 고용을 저해하는 게 아니라 장려하는 방향으로 가야 한다고 주장한다.

반면《승자 독식 사회 The Winner Take All Society》라는 베스트셀러의 저자이기도 한 로버트 프랭크 Robert Frank 코넬 대학교 존슨 경영대학원 교수는 피사리데스 교수의 주장을 반박한다. 기업 CEO가 세율을 더 높인다고 일을 하지 않을까? 그렇지 않다고 그는 주장한다. 기업가들은 CEO가 됨으로써 많은 혜택을 누리며, 명예 때문에라도 CEO로서 제 역할을 할 것이라고 본다.

프랭크 교수는 소득 격차를 줄이는 해법으로 급격한 '누진 소비세'를 주장한다. 고소득이 아닌 '과소비'에 높은 세율을 매기는 새로운 방식의 부자 증세다. 그러면서 1년에 50만 달러 이상을 소비하면 100퍼센트 넘는 소비세를 물리자는 제안을 내놓았다.

예컨대 부자가 200만 달러를 들여 저택을 증축할 경우, 200만 달러가 넘는 세금을 내게 하는 식이다. 누진 소비세로 부자가 소비를 줄이고 저축을 늘리도록 유도해야 한다는 것이다.

소득이 아닌 소비에 세금을 매기려는 이유는 소비가 감당하기 어려울 정도로 늘고 있기 때문이다. 그는 이를 '지출 연쇄 작용'으로 설명한다. 점점 더 부유해진 부자들은 큰 주택과 화려한 결혼식, 호화 파티를 즐긴다. 문제는 소득이 늘지 않은 중산층까지도 이를 부러워하며 따라 한다는 데 있다. 아이를 좋은 학교에 보내기 위해 학군 좋은 지역으로 이사하고, 자녀를 위해 빚을 지면서까지 호화 결혼식을 연다. 불평등이 심해질수록 중산층의 생활비 부담은 더 불어난다. 이를 해결하려면 부유층의 소비 수준부터 끌어내려야 한다. 프랭크 교수는 누진 소비세가 불평등 문제를 큰 저항 없이 해결할 수 있는 정책이라고 주장한다.

비합리적 선택은
어리석은 행동인가

정통 경제학은 늘 사람이 합리적이라고 가정한다. 그러나 보통은 그렇지 않다. 사람은 매우 비합리적이며 약하고, 자주 틀린다. 인간은 비합리적이다. 하지만 사람들의 이런 비합리성에도 패턴과 일관성이 있어 사실은 충분히 예측할 수 있다. 그런 '일관된 비합리성'에 기초해서 새로운 이론과 전략을 창출해낼 수 있다고 주장하는 것이 이른바 '행동경제학behavioral economics'의 출발점이다. 경제 주체는 늘 합리적으로, 효용과 행복을 최대화시키는 방향으로 선택하고 결정한다는 기존 경제학의 단순한 가정에 도전장을 던진 것이다. 이런 이론을 발전시킨 공로로 대니얼 카너먼 교수는 2002년 노벨경제학상을 수상했다.

이와 관련해 행동경제학자 댄 애리얼리^{Dan Ariely} 교수가 사례로 든 것을 살펴보자. 만약 누군가가 노후 연금에 가입하지 않았다면, 기존의 정통 경제학은 "당신이 연금에 들어 돈을 붓는 비용과 나중에 타는 연금의 편익을 분석한 결과 비용이 더 크다고 판단해 가입하지 않은 것"이라고 설명한다. 그러나 행동경제학은 "당신은 미래에 대해 비용 편익 분석을 제대로 할 수 없다. 그렇기 때문에 연금에 가입하는 편이 훨씬 좋은 일이고 합리적"이라고 설명한다.

많은 사람이 '비합리적 선택'을 하지만 그렇다고 해서 어리석은 것은 아니다. 심층심리학 연구에 따르면 사람은 미래, 특히 먼 미래를 떠올릴 경우 뇌의 전원이 꺼지게 되어 있으며, 현재의 즉각적인 일을 떠올리면 뇌가 켜지도록 진화 과정을 거쳤다고 한다.

가령 뇌졸중 가능성이 있는 사람의 경우를 보자. 혈전 방지 약을 먹으면 장기적으로 발병을 막는 데 큰 효과가 있다. 그런데 이 약을 정기적으로 복용하는 사람의 비율이 믿을 수 없을 정도로 낮다고 한다. 물론 약값이 비싼 것도 아닌데 말이다. 이들은 약을 매일 먹는 귀찮음이라는 비용과, 예방이라는 편익을 비교해서 안 먹는 것일까? 절대 그렇지 않을 것이다. 행동경제학은 약의 효용이 나타나는 먼 미래를 내다보는 뇌가 꺼졌기 때문이라고 주장한다.

그런데 약간의 동기를 부여하는 넛지nudge를 이용하면 얘기가 달라진다. 예를 들어 혈전 방지 약이 든 박스와 컴퓨터를 연결해 박스를 열면 복권이 한 장씩 지급된다고 하자. 이와 같은 실험에 사람들은 놀라운 반응을 보였다. 약 복용률이 97퍼센트까지 치솟은 것이다! 이 실험은 뇌가 잘 못 느끼는 미래의 일을 뇌가 잘 느낄 수 있는 현재의 약간 좋은 일로만 교체해도 사람들에게 적극적인 동기 부여가 된다는 사실을 보여준다.

6부

불황이 닥친 것을 어떻게 알 수 있을까

70 | 인류의 본성은
경쟁적이다

베스트셀러 《죽은 경제학자의 살아 있는 아이디어》를 쓴 토드 부크홀츠 Todd Buchholz는 또 다른 저서 《러쉬 Rush》에서 "인류의 본성은 경쟁적"이라고 썼다. 그의 하버드 대학 경제학개론 강의는 학생들이 뽑은 최고 명강의 중 하나로 '앨린 영 Allyn Young'상을 받기도 했다. 그에 의하면 이른바 인본주의 humanism에 기초한 평등주의적 정책은 모두 인간의 본성에 어긋난다. 인류는 본능적으로 누가 '경쟁하라'고 가르친 게 아닌데도 서로 경쟁한다는 것이다.

우리는 경쟁에 의해 더 오래, 더 건강하게 살게 됐다. 인류의 수명은 지난 200년간 2배 가까이 늘었다. 19세기 초 미국의 기대 수명은 47세였으나 지금은 80세다. 각 회사가 경쟁적으로 의약품을 만들고, 의료 시스템을 개선한 덕분이다. 에어컨·난방·스마트폰 등도 인류가 경쟁으로 만들어낸 것이다.

지나친 경쟁은 사람들을 정신적으로 피폐하게 만들고, 사회적 갈등을 야기하고, 사회 불안을 초래한다는 우려가 있다. 하지만 그는 과거 마오쩌둥 시대의 중국에도, 스탈린 시대의 소련에도, 지금의 북한에도 경쟁은 있다고 주장한다. 다만 거기서는 누가 더 많은 음식을 챙기느냐, 독재자에게 누가 더 잘 보이느냐 하는 경쟁을 할 뿐이다. 소련 등 공산주의 국가에서는 경쟁을 없애 인민을 행복하게 만들겠다는 담대한 실험을 시도했지만, 결과적으로 알코올 중독자만 양산하는 것으로 끝났다고 그는 주장한다. 이처럼 경쟁에는 건전한 경쟁과 불건전한 경쟁이 있으며, 어떤 상황에도 경쟁은 존재하므로 더 나은 경쟁 환경을 만들어야 한다는 것이다.

'행복지수'에 관한 조사를 보면 부탄 같은 국가가 서방 선진국보다 더 높다는 결과가 나온다. 여기에는 부탄 등 소수 저개발 국가에서는 경쟁이 없기 때문에 행복감이 높다는 해석이 뒤따른다. 그런데 부크홀츠는 과연 부탄 사람들이 행복감을 느끼고 있는지 의문을 제기한다. 부탄은 평균 수명, 교육 수준, 국민소득 모두 세계 최저 수준이다. 이들은 막연한 행복감을 느낄 뿐이다. 행복은 사람의 기대에 따라 그 의미가 바뀐다. 수백 년 전 미국이나 부탄에서라면 먹을 음식과 마실 물만 있으면 행복하다고 했을 것이다. 하지만 지금은 TV 화질, 아이들이 다니는 학교 시설, 여행에서 얻는 즐거움 등이 모두 마음에 들어야 행복해한다.

또한 그는 현재의 자본주의 체제에서는 개인의 재능·노력보다 부모의 유산·배경 등에 의해 경쟁의 승패가 결정된다고 지적한다. 그런 점에서 저소득층은 경쟁에서 너무 불리하다. 저소득층이 더 높은 사회적 계층으로 올라가는 사다리는 교육인데, 이들은 질 낮은 공교육 시스템에 묶여 있다. 게다가 공립 학교들은 학교 간 경쟁이 없어 최선을 다해 아이들을 가르치지 않는다.

그는 인류가 이렇게 살아 있다는 것 자체가 경쟁적으로 태어난 증거라고 결론짓는다. 경쟁을 통해 더 우월한 자가 살아남았기 때문이다.

71 코로나바이러스와
다원적 진화경제학

　코로나바이러스가 전 세계를 공포로 몰아넣고 있다. 전 세계적 팬데믹이 현실화한 것이다. 이러한 의료·방역의 위기는 사람들을 병적인 카오스적 상황에 빠뜨린다. 그뿐만 아니라 사회 질서도 불안해지고 특히 경제적 불황과 침체를 가속화시킨다. 2020년 우리나라 경제는 물론 세계 경제는 2008년 글로벌 금융 위기와 맞먹는 침체와 저성장을 기록하고 있다.

　미국 증시도 그때와 비슷한 정도로 패닉 상황에 이르렀다. 비관적인 경제 전망은 석윳값을 폭락시키고, 이것이 또다시 세계 경제를 위기 상황으로 몰아넣는다. 이러한 충격이 일파만파로 번지면서 전 세계 금융 시장과 실물 경제가 침체의 나락에 빠져들고 있다.

세계 경제사를 보면 위기와 패닉 상황은 결코 드문 일이 아니다. 20세기만 하더라도 1929년 대공황 이래 세계 경제의 위기 상황을 이미 여러 차례 겪었다. 문제는 그런 위기 때 기존의 경제학이 경제 현실을 설명하는 데 무력했다는 것이다. 어떤 경제학자도 당시에는 이런 사태를 예상하지 못했고, 기존의 경제 이론을 가지고 이를 충분히 설명하지도 못했다. 영국 경제학자 조앤 로빈슨Joan Robinson이 1970년대 세계 경제가 오일 쇼크로 인한 위기에 빠져들었을 때 '경제학의 위기'를 외쳤건만, 2000년대의 금융 위기에도 기존의 경제학은 글로벌 위기를 설명하고 처방전을 제공하는 데 실패했다.

기존 신고전파 경제학이 현실을 충분히 설명하지 못한 이유는 그것이 뉴턴 역학에 입각한 기계론적 패러다임에 기초했기 때문이다. 뉴턴의 역학으로 삼라만상의 움직임을 예측할 수 있듯 경제 안에서 경제 주체들의 합리적 동기에 의한 행동을 예측할 수 있다고 보는 것이다. 따라서 수요자와 공급자의 효율적 행동의 결과 이루어지는 균형 상태는 이상적이고 안정적이다. 그리고 경제는 스스로를 조절하며 마찰 없이 돌아가는 '자동 제어 장치'와 같아서 항상 균형 상태에 있다. 외부 충격에 의해 균형에서 벗어나더라도 상쇄하는 힘의 작용에 의해 다시 균형으로 회귀한다.

이런 세계에서는 내생적인 불안정성이나 급격한 변화가 존재할 수 없다.

하지만 경제 현실은 경제학이 보여주는 세계와 전혀 다르다. 새로운 것이 끊임없이 출현하고 예상치 못한 변화가 이어지는 현실이 오늘날 우리가 몸담고 있는 경제의 실상이다. 따라서 이제는 경제학의 패러다임을 바꾸어야 한다. 끊임없이 변화하는 상태를 정상으로 보는 경제 이론을 찾아야 한다. 생물계에서 진화의 원리를 발견한 찰스 다윈을 다시 들여다봐야 하는 이유다.

이러한 접근은 이전에도 비주류의 경제적 사고로 이어져왔다. 조지프 슘페터Joseph Schumpeter나 소스타인 베블런이 생각한 경제가 바로 그러한 전통에 속한다. '창조적 파괴'를 강조한 슘페터나 '환경과의 상호 작용을 통한 누적적 변화'를 강조한 베블런 등은 진화론적 관점을 경제학에 도입하려 노력한 경제학자들이었다. 슘페터가 생각한 시장 내에서의 기업 간 경쟁은 마치 생물계에서 약육강식의 생존 법칙을 그대로 적용한 듯하다.

다윈은 변이와 선별, 이 두 가지 간단한 개념으로 진화의 메커니즘을 밝혔다. 그는 자신의 개념을 생물의 진화에 적용했지만 이 원리는 생물계에만 한정되지 않는다. 이 개념을 확장하면 경제에도 적용할 수 있다. 진화야말로 세계의 모든 질서·복잡성 그리고 다양성을 설명해주는 공식이다. 진화론적 관점에서 보면 경제의 내생적 변화는 새로운 것이 끊임없이 등장하고 이것이 누적적 증폭 과정을 통해 확산됨으로써 나타난다.

금번 코로나바이러스에 의한 경제 위기도 진화 패러다임으로 이해할 수 있을 것이다. 작은 국지적 변이, 즉 우한의 바이러스 창궐이 전 세계적으로 확산하면서 누적적으로 증폭 과정을 거친 것이다. 이것이 직접적으로 경제계에 불안 요소로 작용해 소비 위축, 여행 제한, 기업 경영 축소 등을 일으킨다. 그리고 가계와 기업이 지출을 줄이면 고용과 이윤이 감소하고, 이것이 다시 지출 축소를 강화하는 메커니즘이 작동하는 것이다. 그야말로 두려움이 두려움을 낳는 것이다.

경제는 아마 인간의 두려움 때문에 진화할지도 모른다.

억만장자 사마리아인들이
더 나은 세상을 만들 수 있을까

2008년 글로벌 금융 위기 이후 '월스트리트를 점령하라'는 시위를 계기로 미국 경제의 양극화가 큰 문제로 대두했다. 현재 미국의 양극화는 1929년 대공황 이래 최악의 수준이란 주장이 설득력을 얻고 있다. 노벨경제학상 수상자 조지프 스티글리츠 교수가 산출한 계산법에 따르면 미국 상위 1퍼센트가 소유한 국가 전체의 부는 40퍼센트에 이르며, 사회학자 조지 윌리엄 돔호프George William Domhoff의 연구에 따르면 2007년 상위 1퍼센트가 전체 부의 42퍼센트를 차지하고 있는 것으로 나타났다.

현재 자본주의 체제는 '글로벌 슈퍼 리치global super rich'가 지배하는 세계다. 이들은 다보스 포럼 같은 글로벌 네트워크를 결성하고 있으며, 이처럼 국경을 초월한 엘리트 집단에 의한 새로운 자본주의를 '금권 지배 체제^{plutocracy}'라고 부른다.

그런데 과거 자본가들은 자신이 쌓은 부를 사회에서 얻은 것으로 생각하고 이를 자선 사업 등을 통해 재분배함으로써 부자들에 대한 사회적 불만을 해소하려고 노력했다. 자본주의의 치명적 결함인 부의 불평등한 분배를 이런 식으로 해소해나간 것이다. 이와 같은 전통은 지금의 억만장자들에게도 이어져오고 있다.

대표적으로 빌 게이츠^{Bill Gates}, 워런 버핏^{Warren Buffet}, 조지 소로스^{George Soros} 등은 수백억 달러의 재산을 기부해 '성공한' 기업가에서 '존경받는' 기업가 반열에 올랐다. 이들이 출자한 재단은 각각 지구 온난화부터 기근, 에이즈, 인권, 공해 등 인류의 갖가지 문제를 해결하는 데 치중하고 있다. 조지 소로스는 중동과 유럽의 시민 사회 건설에 수십억 달러를 쓴다. 보험·부동산 재벌 엘리 브로드^{Eli Broad}는 줄기세포 연구를 후원한다. 이러한 재벌들의 기부 행위를 일컬어 '자선자본주의^{philanthrocapitalism}'라고 부른다. 워런 버핏은 자식들에게 막대한 부를 세습하는 것은 '경기장의 균형을 깨뜨리는 것'이라고 잘라 말한다. 이미 성장 과정에서 충분한 특혜와 자신의 능력을 펼칠 수 있는 교육을 받았다는 것이다. 능력에 따라 평가받는 메리토크라시(meritocracy: 능력 위주 사회)에 대한 믿음이다. 버핏이 진정한 '부자'인 이유가 여기에 있다.

그러나 극빈자들에게 창업 자금을 빌려주는 방글라데시 그라민 은행^{Gramin Bank}의 총재이자 노벨평화상 수상자 무함마드 유누스^{Muhammad Yunus}는 워런 버핏마저 충분하지 않다고 말한다. 그는 버핏이 자기 재산과 노하우를 미국인 5000만 명에게 더 나은 건강보험을 제공하는 데 썼다면 훨씬 더 인상적이었을 것이라며, 100달러를 벌어 5달러를 기부하는 것보다는 그 돈을 올바른 프로젝트에 투자하는 게 낫다고 주장했다.

73 | 수요 독점 시장: 하청업체와 간호사

우리가 보통 독점^{monopoly}이라고 하는 것은 '공급 독점'을 말한다. 시장에는 많은 수요자가 있는 반면, 상품을 공급하는 제조자는 단 하나인 경우다. '수요 독점^{monopsony}'의 경우는 이와 정반대다. 즉, 수요자는 단 하나인 반면, 공급자는 다수가 존재하는 시장이다. 사실 수요 독점은 흔히 시장에 존재하는 공급 독점보다 훨씬 적다. 공급 독점에서는 공급자가 시장 지배력을 이용해 최대한 비싸게 제품을 팔지만, 수요 독점에서는 반대로 한 수요자가 독점력을 사용해 값싸게 공급을 받는다. 공급자끼리 서로 경쟁하기 때문이다.

오래전부터 우리나라 경제에서 문제 되고 있는 것 중 하나는 대기업과 중소기업 간 하도급 거래다. 보통 대기업이 여러 하도급업체에 하청을 주는데, 이때 이들 사이에 수요 독점 시장의 문제가 생긴다. 하청을 주는 대기업은 유일한 수요자이고 하청을 받는 중소업체는 다수의 공급자가 되는 구조다. 특히 부품 시장에서 대기업은 수요자, 중소기업은 공급자 입장이 된다. 소수의 대기업이 수많은 중소기업과 거래하면서 수요 독점자의 지위를 누리는 것이다. 전문화한 부품을 많이 사용하는 글로벌 기업일수록 이러한 문제는 심각하다. 이 같은 구조 아래서는 대기업이 이익을 극대화하고 중소기업은 어려움을 겪을 수밖에 없다.

명품 아이폰을 생산하는 '애플'의 경우를 보자. 애플의 2011년 영업 이익률은 37.4퍼센트였다. 즉, 100원어치를 팔아 37.4원을 남겼다는 얘기다. 반면 아이폰의 제조를 맡고 있는 중국 하도급업체 '폭스콘'의 영업 이익률은 2.4퍼센트에 그쳤다. 애플과 비교하면 16분의 1 수준에 불과하다. 애플이 언제든 제조업체를 다른 곳으로 바꿀 수 있기 때문에 폭스콘은 손해만 안 볼 정도의 이익만으로도 만족할 수밖에 없다.

우리나라의 실정도 다르지 않다. 대기업 의존형(대기업 납품 비중이 전체 매출의 30퍼센트 이상인 기업) 중소기업의 평균 영업 이익률은 4.3퍼센트(2008~2011년 평균)로 5퍼센트 수준인 다른 중소기업보다 낮다. 그뿐만 아니라 대기업과 중소기업 간 수익성 격차가 벌어지는 것도 수요 독점 구조 탓이 크다. 현대자동차그룹의 영업 이익률은 2010년 11.9퍼센트에서 2012년 12.1퍼센트로 올라갔지만, 주요 협력사 네 곳의 평균 영업 이익률은 같은 기간 7.9퍼센트에서 3.5퍼센트로 내려갔다. 이처럼 협력 업체의 문제점은 수요 독점 시장에서 나타나는 현상을 그대로 반영하고 있는데, 대기업과 거래하는 한 중소기업 사장의 말이 이를 대변한다. "조금 수익성이 좋아질 만하면 바로 단가 인하 압력이 들어오기 때문에 형편이 나아질 수 없다."

경제학 교과서에서 주로 소개하는 수요 독점은 보통 두 가지 형태의 노동 시장을 예로 든다. 하나는 탄광촌의 광부 노동 시장이고, 다른 하나는 의료계의 간호사 노동 시장이다. 예전 태백이나 정선 같은 탄광촌에서는 광부를 고용하는 탄광이 하나밖에 없었다. 따라서 고용주가 하나다. 미국의 경우 한 카운티county에 큰 종합 병원이 하나 정도는 있는 게 보통이다. 그리고 일반 병원, 즉 클리닉 같은 곳은 정식 간호사registered nurse를 쓰지 않는다. 클리닉에는 접수와 예약을 담당하는 직원만 있는 게 보통이다. 따라서 간호사를 고용하는 병원은 지역에 따라 대개 한 곳만 있기 때문에 수요 독점자가 된다.

이런 수요 독점 시장에서는 당연히 독점자의 영향력이 크다.

따라서 노동을 공급하는 광부나 간호사는 대부분 저임금과 장시간 노동에 시달린다.

2018년 통계에 의하면 우리나라 간호사는 39만 4600여 명이다. 하지만 실제로 병·의원에서 간호사로 일하는 사람은 63.5퍼센트에 불과한 25만여 명뿐이었다. 통계에 따르면 간호사 자격자의 35.7퍼센트인 14만 1600여 명이 무직이다. 병원에서 일하는 간호사가 태부족인데도, 간호사 자격을 갖춘 많은 사람이 쉬고 있는 것이다. 중소 병원이나 지방 병원은 간호사 구하기가 어렵다. 보수와 근무 여건이 좋지 않기 때문이다. 반면 병원 사용자들은 노인요양보험, 보건 교사 수요 등을 근거로 간호대학의 입학 정원을 늘리자고 주장한다. 간호사야말로 수요 독점 시장의 문제점을 잘 보여주는 사례다.

우리나라는 과거 1960년대에 이른바 '인력'을 수출한 사례가 있는데, 그 직종이 바로 광부와 간호사였다는 점은 시사하는 바가 크다. 그들은 요컨대 수요 독점 시장의 노동 공급자들이었다.

74 | 빅데이터와 보이지 않는 손

    알리바바를 창업한 마윈馬雲은 앞으로의 경제 흐름을 전망하면서 빅데이터의 중요성을 강조했다. 20세기 후반 계획 경제를 추구해온 공산권 경제 블록이 몰락하고 시장자본주의 체제가 글로벌 경제를 지배하게 된 것은 애덤 스미스가 일찍이 강조한 시장경제 내의 '보이지 않는 손invisible hand'의 효율성 때문이었다. 그러나 앞으로는 빅데이터의 존재 때문에 지금까지 보이지 않던 그 손을 볼 수 있게 되었다는 것이다. 그는 실시간으로 생기는 엄청난 빅데이터를 수집·분석할 수 있는 데이터 기술data technology에 주목하며 정보기술, 즉 IT 시대는 저물고 DT 시대가 올 것이라고 예측했다.

현재의 빅데이터 환경은 과거와 비교해 데이터의 양은 물론 질과 다양성 측면에서 패러다임의 전환을 의미한다. 이런 관점에서 빅데이터는 산업혁명 시기의 석탄처럼 IT와 스마트 혁명 시기에 혁신과 생산성 향상을 위한 중요한 원천으로 간주되고 있다. 기업의 빅데이터 활용은 고객의 행동을 미리 예측해 이에 대처하는 비즈니스 혁신을 가능케 한다.

그동안 경제 예측이 어려웠던 이유는 경제가 지닌 복잡성과 인간의 인지 능력 부족이 원인이기도 하지만, 그러한 예측이 경제 자체에 영향을 주어 방향이 바뀌기 때문이다. 흡사 소립자의 운동량과 위치를 동시에 정확하게 알 수 없다는 하이젠베르크[Werner Heisenberg]의 '불확정성의 원리[principle of uncertainty]'가 적용되는 상황과도 같다.

경제를 보는 마윈 회장의 관점은 불확정성의 원리의 반대편인 결정론에 가깝다고 할 수 있다. 그런데 결정론에는 한 가지 문제점이 있다. 어떤 사건이든 인과관계에 따라 결정되고 또 그것을 과학의 힘으로 알아낼 수 있다면 그런 세상에서 인간의 운명은 정해져버린다. 즉, 우리가 어디서 무엇을 어떻게 할지 결정되는 것이다.

이런 결정론에 입각하면 마윈의 말대로 DT 기술로 미래 또한 예측할 수 있다. 특히 앞으로 DT 기술을 대중에게 공개하지 않고 소수만 사용한다면 정보를 독점하거나 통제할 수 있는 권력 기관의 힘은 더욱 커질 것이다. 그러나 이를 잘만 사용하면 빅데이터는 사회 현안 해결의 강력한 도구가 될 수도 있다.

스포츠나 영화 또는 대중음악계에는 보통 사람들이 평생 쥐어볼 수 없는 엄청난 개런티와 소득을 올리는 이른바 '슈퍼스타'가 있다. 직장, 가령 자동차 정비업소에서 평범한 정비공과 우수한 정비공을 비교해보면 물론 우수한 직원의 수입이 더 많은 것은 자연스럽고 당연한 일이다. 하지만 그렇다고 해서 수백 배 차이가 나지는 않는다. 그런데 연예인이나 운동선수의 경우 톱스타는 다른 평범한 배우나 선수에 비해 훨씬 많은 천문학적 수입을 올린다.

그 이유는 과연 무엇일까? 이를 엄밀한 경제 이론의 테두리 안에서 설명한 경제학자가 있다. 바로 시카고 대학의 셔윈 로젠

Sherwin Rosen 교수다. 그는 1981년 <슈퍼스타의 경제학The Economics of Superstars>이라는 논문에서 1등은 엄청난 보상을 받는 반면 차점자는 훨씬 작은 보상을 받는 승자 독식 현상을 분석했다. 이른바 '슈퍼스타 경제학'이다. 이는 스타가 존재하는 시장의 특수성 때문이다. 슈퍼스타가 나올 수 있는 시장은 평범한 사람 여럿이 비범한 한 사람을 당해낼 수 없는 구조여야 한다. 스포츠가 대표적이다. 테니스에서 로저 페더러 같은 '테니스 황제'를 떠올리면 금방 이해가 된다.

또한 많은 사람이 슈퍼스타의 서비스를 싼값에 대량 소비할 수 있어야 한다. 사람들은 페더러의 경기를 한 번 보는 것을 다른 평범한 선수들의 경기를 서너 번 보는 것보다 선호한다. 그렇기 때문에 슈퍼스타의 경기는 입장료를 내면서 기꺼이 보고 싶어 한다. 게다가 스타플레이어의 경기는 TV나 유튜브 등으로도 엄청난 시청률을 올린다. 그러므로 경기 입장료, 출연료, 광고료 등을 합치면 엄청난 수입을 올리는 데 문제가 없다. 반면 자동차 정비 시장에서는 정비공의 실력이 아무리 뛰어나도 그의 서비스를 소비할 사람이 극히 제한적일 수밖에 없는 구조이므로 슈퍼스타가 생길 수 없다.

비단 슈퍼스타가 스포츠나 연예계에만 있는 것은 아니다. 유튜브 같은 인터넷 매체가 발달함에 따라 종교인이나 학원 강사, 전문 직종인 의사나 변호사 등의 영역에서도 스타급 명사가 생겨 나고 있다. 어떤 분야가 보다 다양화하고 전문화하면서 소비자의 선택 범위가 넓어질수록 오히려 팔리는 상품만 더욱 팔리는 현상 이 시장을 지배하게 되는 것이다.

최근 양극화 현상이 심화하면서 슈퍼스타들의 소비 행태가 일 반인의 지탄을 받고 있다. 톱스타의 호화판 사생활에 부러움과 함께 질시를 느끼는 것은 인지상정이지만, 이런 현상 자체는 슈 퍼스타 경제 이론이 틀려서가 아니라 그들의 기여에 비해 몸값이 턱없이 비싸졌다는 철저한 경제 논리가 작동하기 때문이다.

76 | 영국 국채보다 더 안전한 '초콜릿 동전'

　시장에서 특정 채권의 신용도를 따질 수 있는 방법 중 하나가 신용부도스와프^{CDS}의 프리미엄이다. 채권을 사는 사람은 그 채권이 부도날 경우에 대비해 일종의 보험을 들어놓는데 이를 CDS라 하고, 보험료에 해당하는 것이 CDS 프리미엄이다. CDS 프리미엄이 높다는 것은 그만큼 채권의 부도 확률이 높다는 얘기다.

　미국발 금융 위기로 인해 유럽에서도 경기 침체가 일어나기 시작한 2009년 통계 자료에 의하면, 5년 만기 영국 국채 CDS의 프리미엄은 95bp였다(bp는 이자율을 계산하는 최소 단위로 basis point의 약자. 1bp는 0.01퍼센트). 1000만 파운드의 국채에 대한 보험료 성격의 돈이 9만 5000파운드에 달한다는 의미다. 반면 금박지와 은박지로

싼 '초콜릿 동전'으로 유명한 영국의 초콜릿 제조사 캐드버리의 회사채 CDS는 프리미엄이 50bp에 불과했다.

파운드화를 발행하는 영국의 국채가 초콜릿 동전을 만드는 회사의 채권보다 더 위험하다는 뜻이다. 선진국의 국채 CDS 프리미엄이 회사채보다 낮다는 것은 상상하기 힘든 일이다. 유럽에 경기 침체가 닥치기 전 영국 국채의 CDS 프리미엄은 18bp에 불과했었다. 그러나 영국 정부의 재정 상태에 대한 우려가 커지면서 국채의 CDS 프리미엄이 회사채보다 높아졌다. 영국이 대규모 경기 부양책을 시행해 재정 적자가 엄청나게 늘어나 적자 폭이 국내총생산의 12퍼센트 정도에서 20퍼센트까지 높아지자 영국 국채의 안전성이 회사채보다 떨어지는 현상이 나타난 것이다.

77

스티브 잡스의
성공 법칙

인류 역사에 심대한 영향을 끼친 네 가지 요인은 4개의 사과로 설명할 수 있다고 말하는 사람이 있다. 이브의 사과는 인간의 도덕심을, 아프로디테의 사과는 아름다움에 대한 인간의 욕망을, 뉴턴의 사과는 인간의 이성을, 그리고 윌리엄 텔의 사과는 자유에 대한 인간의 열망을 표현한다는 것이다. 여기에 스티브 잡스가 창업한 애플의 로고인 '한입 베어 먹은 모양의 사과'를 다섯 번째 사과로 추가하기도 한다. 이른바 '혁신'의 사과다.

스티브 잡스가 56세라는 비교적 젊은 나이에 암으로 세상을 떠났을 때 애플은 "스티브의 영명함과 열정, 에너지가 멈추지 않는 혁신의 원천이 됐으며 이로 인해 우리의 인생은 풍부해지고 향상

됐다. 스티브로 인해 이 세상은 헤아릴 수 없을 정도로 개선됐다”는 성명을 발표했다. 그 후 잡스의 일생을 다룬 영화가 만들어지고 그의 삶과 경영철학도 새롭게 조명을 받았다.

스티브 잡스는 자신의 취향을 고집하며 고독하게 엘리트주의에 철저한 삶을 살았다. 그가 추구한 이런 성향은 인터넷 시대의 정신이라고 할 수 있는 집단 지성 또는 오픈 이노베이션과는 정반대의 것일 수도 있었다.

애플의 연속된 히트 작품에는 스티브 잡스 개인의 성격이 체화되어 있었다. 아이패드에서도 이런 특성이 유감없이 발휘되었다. 마치 알프레드 히치콕Alfred Hitchcock이 그만의 독특한 감각의 영화를 만들었듯 개성 강한 스티브 잡스 역시 그만의 특유한 작품을 빚어낸 것이다.

매킨토시에서 아이폰에 이르기까지 애플의 제품은 맵시 있고 사용하기 편한 특성을 보여준다. 테크놀로지 제품에 모든 편의성을 담으려는 엔지니어의 욕심을 의도적으로 덜어낸 것이다. 애플을 규정하는 특징은 절제된 디자인이다. 이것이 바로 스티브 잡스의 철학이자 그의 기호嗜好였다. 그는 위대한 제품은 기호의 승리이며, 기호는 공부와 관찰에서 나온다고 믿었다. 요컨대 그의 작품은 시장 조사에 따라 결정되는 것이 아니라 고집과 인내, 신념과 직관의 결과물이다.

그는 신제품을 시장에 선보일 때 항상 검정색 터틀넥 셔츠에 청바지와 운동화 차림이었다. 팰로앨토 Palo Alto에 있는 그의 집에도 가구는 별로 없고 단순한 디자인의 나무 의자가 있을 뿐이었다. 그뿐만 아니라 같이 일할 팀원을 고를 때에도 극도의 엘리트주의에 따라 선발했다.

스티브 잡스의 중요한 또 다른 성공 공식은 예민한 흥행 감각이다. 애플의 제품은 이미 시장에 존재하지만 미완성된 아이디어를 택해서 어떻게 제대로 사용할 것인지를 세계에 보여주었다. 특히 큰 도약을 일으키는 혁신에선 타이밍이 결정적인데, 그에겐 이를 포착하는 능력이 있었다. 이는 집단 지성이 하지 못하는 스티브 잡스 개인의 능력이었다.

78

비공식 불황지수:
휴먼지수

불황이 닥친 것을 어떻게 알 수 있을까?

GDP 성장률, 실업률, 경기선행지수, 소비자물가지수 등의 변화를 보는 것이 일차적이라고 할 수 있다. 그러나 이 같은 지표는 경제 상황을 진단하기 위해 필수적인 통계인 것은 틀림없지만 딱딱하기 짝이 없다. 보다 쉽게 경기를 판단하는 방법은 없을까?

레이건 대통령은 유머 넘치는 기준을 말한 적이 있다. 1980년 미국 대통령 선거 당시 기자들이 레이건 후보에게 물었다. "경기 침체와 불황의 차이는 무엇입니까?" 이에 레이건은 "당신 이웃이 실직하면 그게 바로 경기 침체recession이고, 당신이 실직하면 불황depression일세"라고 말하면서 이렇게 덧붙였다. "그리고 지미 카터

(당시 대통령)가 실직하면 그게 곧 경기 회복recovery이지."

이와 관련해 한때 이른바 휴먼지수human index가 유행한 적이 있다. 생활 주변에서 관찰할 수 있는 인간의 행태를 분석해 경기를 전망하는 것이다. 예를 들면 과거 "증권사 객장에 아기 업은 아줌마가 나오면 상투"라는 얘기가 있었다. 개미 군단의 출현, 즉 너도 나도 증권 투자에 몰리는 상황이 되면 주식 시장의 버블이 곧 터질 것이라는 뜻이다. 또 "카드 회사 영업 창구가 붐비면 경기는 바닥"이라는 통설도 있었다. 불황의 여파로 신용카드 연체자가 늘어나는 단계까지 가면 경기가 바닥을 친다는 것이다.

'장모님 가계부'도 소비 위축의 지표로 간주했다. 가계부를 쓰지 않던 장모가 긴축을 위해 다시 가계부를 꺼내 들면 경기가 본격 불황에 진입한 신호라는 것이다. 환율과 관련해서는 일본인 관광객이 국내로 쇼핑하러 몰려오면 환율이 고점에 가까웠다는 의미로 받아들였다.

'핫웨이트리스지수hot waitress index'도 있었다. 모델이나 마케팅 분야의 매력적인 여성들이 실직해 식당, 술집, 상점 등에서 웨이트리스로 일하면 그때는 이미 불황기라는 것이다.

앨런 그린스펀Alan Greenspan 전 연방준비제도이사회FRB 의장은 재임 중 종종 남성 속옷의 판매량을 살폈다고 한다. 속옷 판매량은 경기를 크게 타지 않는데, 그런 속옷 구매마저 줄면 경기 침체가 심각하다는 얘기다.

또 다른 비전통적인 경기 불황 지수로는 '데이트지수'가 있다. 경기가 나쁠수록 경제적으로 어려운 이들이 동병상련의 감정으로 서로에게 더 끌린다는 것이다. 실제로 미국의 온라인 데이트 사이트 매치닷컴^{match.com}엔 불황이 극심할수록 방문객이 더 많았다고 한다.

그 밖에 '넥타이지수'도 있다. 경기 침체가 심할수록 고용 시장에서 불확실성이 커지므로 채용 인터뷰 때 외적 매력을 높이기 위해 남자들이 넥타이를 더 많이 구입한다는 것이다.

79 마이너스 금리는 가능한가: 코로나 팬데믹에 따른 불황 해소책

코로나바이러스 팬데믹이 가져온 가장 큰 경제적 후유증은 과거 대공황에 비견될 만한 경기 침체다. 산업 생산, 투자, 수요의 급감은 물론 엄청난 실업을 유발한 것이다. 소비자는 이런 대재앙 속에서 쉽게 겁에 질리고, 겁에 질린 사람들은 경기 위축에 과잉 반응하게 된다. 그러면 경기 회복을 쉽사리 기대할 수 없다. 2020년 4월 말 현재 미국의 실업 수당 신청자가 2600만 명에 이르고 있어 대공황 때의 실업률 25퍼센트를 넘어설 것이라는 전망이 우세하다.

그런데 미국의 기준 금리는 0~0.25퍼센트로 사실상 제로 수준이다. 따라서 금리를 더 낮춤으로써 경기를 진작시킬 수단이 사실상 없는 셈이다. 일반적으로 수요 부족으로 발생한 경기 침체는 기준 금리 인하로 가계와 기업의 차입과 지출을 늘리고, 그에 따라 고용도 늘릴 수 있기 때문에 이자율이 금융 정책의 주요 수단이었다.

그렇다면 금리를 마이너스 수준으로 끌어내리는 게 불가능할까? 상식적으로 사람들은 금리를 마이너스로 내리는 것은 불합리하다고 생각한다. 마이너스 금리하에서는 누구도 손해를 보면서까지 돈을 빌려주지 않으려 할 것이기 때문이다. 그러나 미 연방준비제도이사회가 -3퍼센트에서 -5퍼센트까지 기준 금리를 내려야 한다고 주장하는 경제학자도 있다. -3퍼센트란 쉽게 말해서 사람들이 은행에서 100달러를 빌리고 97달러만 갚아도 된다는 얘기다.

경제학 원론 교과서로 유명한 하버드 대학의 그레고리 맨큐Gregory Mankiew 교수에 따르면 '마이너스 수익률'이 완전히 새로운 개념은 아니다. 19세기 말 독일의 경제학자 실비오 게젤Silvio Gesell 은 경제 위기 때 현금을 빌려주지 않고 비축만 할 경우 세금을 물려 돈을 돌게 해야 한다는 이론을 펼치기도 했다.

하지만 은행이 손해를 보면서까지 돈을 빌려주려 하겠는가? 맨큐 교수는 그 대책으로 '인플레이션' 정책을 제시한다. 연방준비제도이사회가 상당 수준의 인플레이션을 조성하면 화폐 가치가 계속 떨어지기 때문에 명목 금리가 0인 상태에서도 실질 금리는 마이너스가 되는 것이다. 맨큐는 통화 정책 입안자들에게 인플레이션을 조성하자는 제안이 충격적으로 들리겠지만 인플레이션보다 더 무서운 것은 실업률 상승과 미래 세대가 안게 될 재정 적자라고 주장했다.

최근 금값 추이가 가파른 상승세를 보이고 있다. 각국이 경기 회복을 위해 재정 지출을 계속하게 되면 결국 화폐 가치는 떨어지고 다른 금융 자산의 대안으로 금에 대한 수요가 늘어나기 때문이다. 따라서 마이너스 이자율의 시기에는 금값이 올라갈 수밖에 없다.

공공 서비스 민영화는
가능한가?

우리나라는 전체 고용 인구 중에서 공무원의 비중이 점차 높아지고 있다. 바야흐로 공무원 100만 명 시대가 도래했다. 민간 기업에서 기회가 점점 줄어들자 공무원 시험에 매달리는 취업 준비생이 늘고 있다. 정부 역시 공공 서비스 확대를 위해 공무원 수를 계속 늘리는 추세다.

한 연구는 공무원 한 명이 늘어나면 퇴직 후 연금까지 고려할 때 노동 인구 서너 명이 그 비용을 부담해야 한다는 비관적 추산을 내놓았다. 과거 그리스 경제 파탄의 가장 중요한 원인이 전체 고용 인구의 절반을 차지하는 공무원과 그 연금 부담 때문이었다는 점을 반면교사로 삼아야 할 것이다.

장기 불황에 시달리는 일본에서는 2000년 중반부터 공공 부문을 민영화하는 작업을 해왔다. 일부 공공 서비스를 민간에 맡기면 경비가 크게 줄어든다는 사실이 일본 정부의 행정 실험에서 입증됐다. 민간에 대한 규제 완화가 경제 전체의 생산성을 크게 끌어올리는 것으로 나타난 것이다.

일본 정부가 국민연금 보험료 징수 업무를 시범적으로 전국 5개 민간 기업에 넘긴 결과 2년 동안 경비가 59.1퍼센트나 줄어들었다. 또한 사회보험청이 징수 업무를 할 때 들어간 경비는 연간 2억 5000만 엔 정도였으나 경쟁 입찰을 통해 해당 업무를 1억 엔에 민간에 넘길 수 있었다. 일본 정부가 시행한 '시장화 실험' 8개 사업 중 비교 가능한 5개 사업 모두 경비가 줄었다고 한다. 이는 일본 정부와 지방자치단체가 독점해온 공공 서비스 가운데 일부를 실험적으로 민간에 유료 위탁하는 제도로, 이런 성과에 힘입어 사업을 27개 분야로 확대했다.

이와 함께 1995~2002년 일본 정부의 규제 완화가 경제에 미친 영향을 추산한 결과 생산성이 7.59퍼센트 향상한 것으로 나타났다. OECD 회원국의 연평균 생산성 상승률이 1.2퍼센트 안팎인 점을 고려하면 놀라운 수치다.

또한 규제 완화에 따른 생산성 개선 효과는 비제조업이 4.6퍼센트로 제조업의 3.0퍼센트보다 월등히 높았다. 규제의 80퍼센

트가 줄어든 통신 분야는 전체 산업에서 차지하는 부가가치 비율
이 크게 높아진 반면, 규제가 약 20퍼센트 감소하는 데 그친 건설
업과 농업은 전체 산업 대비 부가가치 비율이 낮아졌다.

81 | 공공 부문 비효율의 극단적 사례: 플로피 디스크

2016년 미국 정부감사원Government Accountability Office, GAO이 발표한 보고서에 따르면, 미군의 핵무기 운용 부문이 1970년대에 개발된 8인치 플로피 디스크를 사용하고 있는 것으로 밝혀졌다.

최첨단 무기를 보유한 미국 국방부에서 대륙간탄도미사일, 전략폭격기, 공중급유기 등의 핵전력 운용 기능을 조정하는 지휘통제 시스템에 1976년 발매된 컴퓨터 IBM 시리즈와 8인치 플로피 디스크를 쓰고 있었던 것이다. 그뿐만 아니라 그 밖의 많은 정부 기관에서도 불과 몇 년 전까지 시대에 뒤처진 레거시 시스템을 사용했다니 놀랍기만 하다.

컴퓨터 진화의 관점에서 볼 때, 거의 구석기 시대에나 썼을 법한 시스템을 유지하고 있었던 것이다. 공공 부문에서 이런 비효율에 따른 낭비와 손실이 얼마나 발생했을지 짐작하기도 어려운데, 보고서는 연방 정부가 컴퓨터 시스템의 개발, 최신화, 기능 강화보다 기존 시스템의 운용과 정비에 엄청난 경비를 투입해왔다는 점을 지적했다. 보고서에 따르면 낡은 컴퓨터 시스템을 유지하는 데 연간 610억 달러 넘는 세금이 투입되었고, 최신 IT 기술을 도입하는 데 쓴 비용은 그중 30퍼센트에 그쳤다고 한다. (물론 그 후 1년 만에 플로피 디스크 드라이브를 SD 메모리 리더로 전환했지만 말이다.)

　민간 기업의 경우라면 이러한 구시대적 비효율성의 상징 같은 유물을 계속 사용하는 것은 상상조차 할 수 없는 일이다.

인류 역사상 가장
위대한 아이디어

인류 역사상 가장 위대한 아이디어, 곧 발상은 무엇일까?

2010년 영국 출판사 '아이콘북스' 편집진은 인류가 만든 수많은 사상과 이념, 제도와 발명품 중에서 가장 위대한 발상 50가지를 책으로 묶어냈다. 문학과 과학 분야를 막론한 학계 전문가와 지식인들이 모여 선정하고, 네티즌의 의견을 수렴해 결정한 것이다.

인류 역사상 가장 위대한 발상 중 첫 번째로 꼽힌 것은 바로 '인터넷'이었다. 10위 안에 든 발상 중 눈에 띄는 것은 나란히 3, 4, 5위에 오른 '피임'과 '음악' 그리고 '불'이다. 그런데 피임이나 불은 아이디어라기보다는 발견에 가까울 것이다. 피임 방법의 아이디어는 인류가 임신 과정을 이해하고부터 생겨났을 것이다. 그 생명의 탄생 비밀을 알게 되면서 가족은 급격한 변화를 맞이하고, 이른바 가부장적 가족 제도가 이루어졌다.

신이 인간을 사랑해서 보내준 선물이라는 '포도주', '커피와 차'가 포함된 것도 이색적인데, 이것 역시 아이디어라기보다는 발명품이라고 해야 하지 않을까? 마지막으로 50위에 오른 '결혼'도 어떻게 보면 가족 제도가 만들어낸 산물이다.

그 50가지 아이디어의 목록은 아래와 같다.

순위	아이디어	순위	아이디어	순위	아이디어
1	인터넷	18	빵	35	커피와 차
2	문자	19	여성 해방	36	도기
3	피임	20	인쇄술	37	증기 기관
4	음악	21	양자 이론	38	은행
5	불	22	전기	39	구리와 철
6	노예제 폐지	23	자아	40	돛
7	진화론	24	농사	41	복지 국가
8	과학적 방법	25	미적분	42	자본주의
9	하수도	26	정부	43	기氣
10	컴퓨터 프로그래밍	27	마르크스주의	44	서사시
11	희망	28	냉각	45	명예
12	논리	29	중국어 간자체	46	일신교
13	바퀴	30	대학교	47	비행기 날개
14	민주주의	31	운동 법칙	48	등자鐙子
15	숫자 0	32	대량 생산	49	방직과 방적
16	전화	33	연애	50	결혼
17	백신	34	포도주		

반전의 경제학

ⓒ 최병서, 2021

초판 1쇄 인쇄일 2021년 5월 6일
초판 1쇄 발행일 2021년 5월 13일

지은이   최병서
펴낸이   배문성
디자인   채홍디자인
편집   이형진
마케팅   김영란

펴낸곳   나무플러스나무
출판등록 제2012-000158호
주소   경기도 고양시 일산서구 송포로 447번길 79-8(가좌동)
전화   031-922-5049
팩스   031-922-5047
전자우편 likeastone@hanmail.net

ISBN 978-89-98529-26-0 03320